AI引爆流量变现

IP打造与商业变现实战

焱公子　水青衣　著

人民邮电出版社

北　京

图书在版编目（CIP）数据

AI 引爆流量变现 : IP 打造与商业变现实战 / 焱公子，
水青衣著. -- 北京 : 人民邮电出版社，2025. -- ISBN
978-7-115-67294-0

Ⅰ. F713.365.2

中国国家版本馆 CIP 数据核字第 2025JX7125 号

内 容 提 要

　　这是一本专门写给企业经营者、创业者和个人 IP 持有者的 AI 工具实战书。全书围绕"构建与势能""传播与营销"两个模块，从品牌建设、个人 IP 打造、公域推广和私域营销四个维度，通过 20 个常见场景的深入解析，讲解 AI 在个人 IP 打造与商业变现中的有效应用，帮助企业经营者、创业者和个人 IP 持有者在公域获得精准客户，在私域打造高价值与高转化的"留量"阵地。

　　全书详细阐述了从定位到内容、从推广到转化，运用 AI 助力提效增值、实现事半功倍的关键点，旨在解决长期痛点，加速影响力提升与商业变现进程。未来已来，善用 AI，助你在急速变化的时代快人一步，轻松获得高业绩。

　◆　著　　　　焱公子　水青衣

　　　责任编辑　李齐强

　　　责任印制　王　郁　胡　南

　◆　人民邮电出版社出版发行　　北京市丰台区成寿寺路 11 号

　　　邮编　100164　　电子邮件　315@ptpress.com.cn

　　　网址　https://www.ptpress.com.cn

　　　雅迪云印（天津）科技有限公司印刷

　◆　开本：800×1000　1/16

　　　印张：11　　　　　　　　　　2025 年 7 月第 1 版

　　　字数：170 千字　　　　　　　2025 年 7 月天津第 1 次印刷

定价：69.80 元

读者服务热线：(010)81055410　印装质量热线：(010)81055316
反盗版热线：(010)81055315

与 AI 同行，加速商业闭环

自从我的《AI 制胜：职场人快速升职的秘密武器》一书出版以来，我身边的许多企业经营者、创业者和个人 IP 持有者都问我，是否计划出一本针对他们这个群体的 AI 工具书，帮助他们解决在工作中遇到的问题。

我自己做内容营销多年，之后又专注于人工智能内容生成（AIGC）赛道，亲眼见证了传统营销方式在信息爆炸的时代正逐渐失去效力。消费者的注意力被海量信息分散，市场竞争愈发激烈。如何在这样的环境下高效且低成本地触达目标客户，成为摆在我和众多企业经营者、创业者和个人 IP 持有者面前的共同难题。

在此背景下，我开始积极探索 AI 在品牌建设和营销推广中的应用。最初，我抱着试试看的心态，使用 AI 辅助内容创作和市场分析。令我惊喜的是，AI 不仅大幅提高了内容的生产效率，还在创意生成和数据洞察方面带来了全新的可能性。

记得有一次，我为一家初创公司做品牌命名与差异化定位，团队花了很长时间，始终未能找到满意的方案。后来，我们输入大量的调研数据、竞品资料和目标客户画像等信息给 AI，很快 AI 输出了多个富有创意且契合品牌理念的名称，同时也迅速找到了一个充满差异化的市场定位。最终 AI 输出的方案不仅得到团队的一致认可，也让客户非常满意。这次经历让我深刻体会到，AI 确实可以成为我们拓宽商业思维的强大助手。

同时我也实实在在地看到，许多企业经营者、创业者和个人 IP 持有者对 AI 的理解仍然停留在表面。他们或是对 AI 心存敬畏，认为它过于高深莫测；或是盲目跟风，却无法真正将其应用于实际业务中。

正因如此，我决定写下《AI 引爆流量变现》。我的初衷很简单：通过分享自己在 AI 领域的实践经验与思考，帮助更多人了解并掌握 AI 在流量变现中的有效应用，从而在激烈的市场竞争中脱颖而出，加速商业变现闭环的形成。

全书分为构建与势能和传播与营销两个模块，涵盖了品牌建设、个人 IP 打造、公域推广和私域营销四大维度，通过 20 个常见场景的深入解析，力求为读者提供具体、可操作、可落地的流量变现解决方案。

其实，AI 可做的事情远不止于此，本书也只是抛砖引玉，期望能激发出读者们更多的灵感与创意。在持续探索 AI 与创作本书的过程中，我始终坚持一个信念：AI 不是取代人类，而是赋能人类。它只是为我们提供了全新的思维方式与生产方式，帮助我们更好、更快地实现我们的目标。

在这一过程中，主体一定是人类，且主体始终是人类。

我希望，本书不仅是一份 AI 工具手册，更是一份启迪思维的 AI 使用指南。通过对 AI 的深入了解和实际应用，你将发现一个全新的世界，一个充满机遇和可能性的世界。

未来已来，AI 正以不可阻挡的趋势改变着我们的生活和工作方式。对于企业经营者、创业者和个人 IP 持有者来说，早日掌握并应用 AI 技术，无疑是抢占先机的明智之举。那么，作为企业经营者、创业者或个人 IP 持有者的你，准备好迎接这个全新时代的挑战和机遇了吗？让我们一起，与 AI 同行，加速商业变现闭环的形成！

最后，感谢一直以来支持和信任我的读者、朋友和家人。是你们的鼓励，让我有动力去持续探索未知、分享所学。期待在探索本书的旅程中，与大家共同成长。

如果你对本书有任何感想或建议，欢迎关注我的微信公众号"焱公子"，与我交流分享。

焱公子

2025 年 6 月于昆明

构建与能势

第 1 章

AI 辅助品牌建设

1.1 命名：把握 7 个命名逻辑，10 倍放大创意

【本节导读】

一个好的品牌名对于一个企业而言意义重大，它不仅是企业对外形象的直接体现，也是企业文化和价值观的传递方式。AI 能够帮助企业创始人更好、更快地获得独特且令人印象深刻的品牌名，增加品牌的吸引力。使用 AI 进行品牌命名具体可分为 5 步：**了解品牌命名的基本原则；明确品牌命名的基本逻辑；展示样例供 AI 学习参考；使用 AI 生成品牌名；检查品牌名的合法性及是否可注册。**

我们将这 5 步提炼为一个公式：

AI 生成品牌名 =

了解命名原则 + 明确命名逻辑 + 展示样例 + 生成品牌名 + 注册检查

1.1.1　品牌命名的基本原则

一个企业的品牌名为什么重要？《论语·子路篇》里曾说："名不正，则言不顺；言不顺，则事不成。"索尼公司创始人盛田昭夫也说过："取一个响亮的名字，以便引起顾客美好的联想，提高产品的知名度与竞争力。"

在企业的整个生命周期里，品牌名都如影随形。它是企业的第一次亮相，从某种程度上来讲也是品牌的第一次营销。所以，取一个好的品牌名对于一个企业来说，至关重要。

品牌命名当然不是一件容易的事——那些令人印象深刻又易于传播的品牌名，通常都需要满足如下基本原则：

要简洁直白，又要隽永高级；要独树一帜，又要匹配大众审美；要能激发正面联想，又要符合产品特点。

比如苹果（Apple）就是一个非常成功的品牌名。"Apple"这个名字简单易记，且"Apple"在多种语言中都很容易发音和理解，具有很好的国际化潜力。

耐克（Nike）也是一个非常好的品牌名，虽然耐克这个名字在中文中并不常见，但它源自希腊神话中的胜利女神尼姬（Nike），这个名字意味着胜利，这与耐克品牌鼓励人们追求卓越和胜利的品牌形象非常契合。

再比如7-ELEVEN，"7-ELEVEN"中的"7"和"ELEVEN"分别代表早上7点和晚上11点，这样的命名直接与品牌的营业时间相关联，易于消费者记忆。

如果你是一家初创公司的创始人，对于品牌命名原则一无所知，那么从本步骤开始，即可让AI介入，辅助你从0到1完成品牌命名工作；当然，如果你早已深谙品牌命名原则，也可直接跳过本步骤，直接进入下一步。

此处，姑且假定你是前者，我们推荐使用秘塔AI来开始你的品牌命名之旅。跟其他AI工具相比，秘塔AI在搜索方面的能力可圈可点，不仅能快速搜索整合相关内容，还能以思维导图、表格等形式来归纳和展现，并列出参考内容的链接，保证了生成内容的真实性与严谨性。

打开秘塔 AI，输入如下提示词。

我是一家公司的创始人，需要创建一个品牌。请告诉我品牌命名的基本原则。

左下方搜索范围默认选择"全网"，正下方搜索方式默认选择"深入"，然后点击" "
按钮发送。

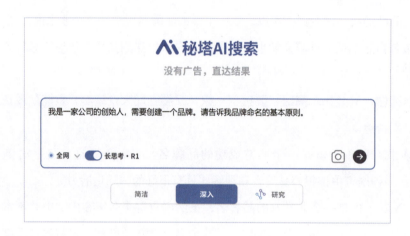

 秘塔 AI 回复如下（为平衡图书的质量和 AI 工具生成内容的真实性，本书仅对 AI
工具生成内容中的差错做出少量修改，可能存在遗漏）。

品牌命名是企业形象塑造和品牌建设的重要环节，以下是品牌命名的基本原则。

1. **简洁易记**：品牌名应简短明了，易于记忆和传播。避免使用复杂、生僻的词汇和过长的名称，确
保消费者能够轻松记住并传播。

2. **独特性**：品牌名应具有独特的个性和识别度，避免与其他品牌混淆。这有助于在市场中脱颖而出，
建立品牌的独特形象。

3. **意义性**：品牌名应能够传达品牌的核心价值和理念，体现产品或服务的特点和优势。好的品牌名
不仅能吸引消费者注意，还能激发积极的品牌联想。

4. **合法性**：确保品牌名符合法律法规，不侵犯他人的知识产权。同时，品牌名应具备全球化的视野，
避免因文化差异或地域限制而影响品牌的国际化发展。

5. **适应性**：品牌名应考虑未来的发展和扩展，具有一定的适应性。这有助于品牌在未来进行产品线

扩展或进入新市场时保持灵活。

6. **文化契合**：品牌名应符合目标市场的文化和消费者心理，避免文化冲突或不良联想。深入了解目标市场，确保品牌名在当地文化中具有正面解读。

7. **情感纽带**：品牌名应能够与消费者建立情感联系，增强品牌的亲和力。富有寓意或故事性的品牌名，可以更好地吸引消费者并建立品牌忠诚度。

8. **市场定位**：品牌名应与品牌的定位和市场策略相一致，确保能够准确传达品牌的核心价值和市场定位。

了解品牌命名的基本原则，有两个重要作用：一是用于后续让 AI 生成品牌命名时，作为约束和限制条件写入提示词中；二是更方便企业经营者审视和判断一个品牌名的优劣。

1.1.2　明确品牌命名的基本逻辑

在遵循品牌命名原则的前提下，我们调研了数百个知名品牌，发现绝大多数品牌命名均符合以下 7 大基本逻辑。

逻辑 1：企业创始人名字命名法。这种命名方式就是参考企业创始人的名字或姓氏进行命名，比如体操奥运冠军李宁创立的品牌，就叫李宁；Levi's 来自其创始人 Levi Strauss（李维·史特劳斯，也是世界上第一条牛仔裤的发明人）的名字。

逻辑 2：品牌即品类命名法。品牌卖什么，就用什么来命名。相比用创始人名字命名品牌，这种命名方式更简单直白，品牌即品类，比如全棉时代、小罐茶等。

逻辑 3：关联效果命名法。这种命名方式主打一开始就抢占用户心智，让用户一看便懂，比如立白、美加净、飘柔、舒肤佳等。

逻辑 4：代表人物命名法。这种命名方式能让用户一想到这个人，就能唤起正向的情绪，比如方便面品牌康师傅，"康"指代健康，"师傅"则是中文语境下最普遍的尊称，也是手艺好、够专业的代名词。再比如老干妈，品牌方一定希望当你用他们家的豆豉油制辣椒、风味腐乳下饭时，能够感受到来自干妈般的温暖。

逻辑 5：高频口语命名法。几乎每个领域都会有一些高频出现的日常用语，能够把它们提炼出来用于品牌命名，是一种非常讨巧的做法，比如去哪儿、今日头条、饿了么等。

逻辑 6：叠词命名法。叠词让用户感觉亲切，纵观国内品牌，二字叠词和三字叠词用得最多，二字叠词比如滴滴、旺旺、钉钉、陌陌等，三字叠词比如拼多多、货拉拉、淘票票等。

逻辑 7：量词＋动植物／事物关联命名法。此处的量词大多代表有意义的数字或稀缺性，而量词的使用，也大大提升了商标成功注册的概率，比如六个核桃、三只松鼠、十点读书等。

如果你想要了解更多品牌命名的逻辑，也可以如上一个步骤一样操作，向 AI 寻求答案。此处，我们依然使用秘塔 AI 来做演示。

打开秘塔 AI，输入如下提示词。

> 我是一个企业创始人，想要了解品牌命名的逻辑和相关公式。有的企业用创始人姓名来命名，比如李宁，有的企业用叠词来命名，比如拼多多。现在请你搜索全网相关资料，帮我列出并整理 10 种不同的品牌命名逻辑。

⋀ 秘塔 AI 回复如下。

1. **创始人命名法**：以创始人的名字或姓氏命名品牌，如"李宁""王老吉"等。这种方法利用创始人的个人信誉和知名度，增强品牌的信任感和辨识度。

2. **叠词命名法**：使用叠词命名，如"拼多多"。这种命名方式简单易记，能够快速传达品牌的核心属性。

3. **地域命名法**：以品牌所在地的地名命名，如"茅台""青岛啤酒"。这种方法能够增加品牌的地域认同感和亲切感。

4. **数字命名法**：使用数字作为品牌名称的一部分，如"三九药业"。数字通常易于记忆，并能激发联想。

5. **功效命名法**：以产品的功效或特性命名，如"飘柔"（洗发水）、"可口可乐"。这种命名方式直接突出产品的主要卖点。

6. **情感共鸣命名法**：通过品牌名称表达情感或价值观，如"喜茶""认养一头牛"。这种命名方式能够与消费者产生情感共鸣，增强品牌认同感。

7. **中外结合命名法**：结合中文和英文元素命名，如"荣威 ROEWE""香奈儿 Chanel"。这种命名方式既具有国际化特点，又保留了文化内涵。

8. **工艺命名法**：以生产工艺或品质特点命名，如"贵州醇"。这种方法能够突出品牌的独特制造工艺。

9. **愿景命名法**：反映企业的长远目标或愿景，如"华为""平安"。这种命名方式能够传递企业的理想和追求。

10. **动物 / 植物命名法**：结合动物或植物名称命名，如"宝马""有棵树"。这种方法能够增强品牌的亲切感和记忆点。

AI 再智能也只是工具。尤其对于企业创始人来说，无论使用 AI 进行何种用途，一定要始终充满**掌控感**。

1.1.3 使用 AI 生成品牌名

本节开篇提炼的 AI 生成品牌名的公式把使用 AI 生成品牌名分为 5 个步骤：**了解命名原则、明确命名逻辑、展示样例、生成品牌名、注册检查**。

事实上，命名原则在 1.1.1 节已经包含，命名逻辑和样例在 1.1.2 节已经包含，所以此处直接综合 1.1.1 节和 1.1.2 节的信息，撰写相关提示词即可。

这里我们选用文本生成效果更好的，也是最近大火的 DeepSeek（版本为 DeepSeek-R1）进行演示。为了对比添加限制条件与否对最终输出的影响，先尝试不加任何限制条件，让 DeepSeek 直接生成品牌名。

打开 DeepSeek，输入如下提示词。

你是一个非常专业的文案与营销专家，我正在经营一个护肤品牌，请帮我想 5 个品牌名称。

🕊 DeepSeek 回复如下。

1. Luminara|光蕴肌研
核心概念：Lumi（光）+Aura（光晕）
定位策略：聚焦都市轻熟龄女性的抗光老化需求，主打光学科技 + 植萃成分，契合社交媒体时代消费者对"发光肌"的追求
……

5. Naturis | 纳翠肌本
核心概念：自然（Nature）+本质（Essence）
战略价值：建立"植物干细胞科技"技术壁垒，名称自带天然可信度，适用于全渠道营销的国际化命名体系

接下来，添加相应限制条件与具体要求，并展示具体样例，形成更完整的提示词。

打开 DeepSeek，输入如下提示词。

你是一个非常专业的文案与营销专家，我正在经营一个护肤品品牌，请帮我想 5 个品牌名称。具体要求如下。
命名原则：简单直白、容易传播、符合大众审美、能激发正面联想，且符合产品特点。
命名逻辑：请遵循以下 5 种不同的命名逻辑，每个逻辑生成 1 个命名。
逻辑 1：品类命名法，比如小罐茶、全棉时代。
逻辑 2：关联效果法，比如舒肤佳、美加净、飘柔等。
逻辑 3：高频口语命名法，比如去哪儿、饿了么。
逻辑 4：代表人物命名法，比如康师傅、老干妈。
逻辑 5：量词 + 动植物 / 事物关联命名法，比如三只松鼠、六个核桃。

 DeepSeek 回复如下。

根据您的要求，我构建了符合 5 个命名逻辑的品牌名称。
1. 品类命名法 -【膜法日记】（对标"小罐茶"逻辑）
品类锚定：聚焦面膜细分赛道
字效解析："膜"直接点明品类，"日记"暗示日常保养仪式感
延展空间：可开发早安 / 晚安分时面膜系列
2. 关联效果法 -【水润肌】（对标"舒肤佳"逻辑）
效果可视化：将补水保湿核心功效植入品牌名
声韵优势：三字结构符合汉语传播惯性（调研显示 74% 消费者能过耳不忘）
视觉联想：LOGO 可设计水滴形动态渐变
3. 高频口语法 -【涂个透亮】（对标"饿了么"逻辑）
场景化命名：模拟消费者对话场景（"今天涂个透亮吧"）
社交基因：自带话题属性的祈使句式，适合短视频营销

技术支撑：需配套开发涂抹式美白安瓶产品

4. 代表人物法 -【颜教授】（对标"老干妈"逻辑）

信任状构建：塑造权威科研人设（某实验室首席专家形象）

品类适配：适合药妆或专业线产品

人格化运营：可打造虚拟 IP 进行成分科普

5. 量词关联法 -【九瓣花】（对标"三只松鼠"逻辑）

植物意象：选用消费者认知度 98% 的玫瑰 / 莲花等九瓣花型

记忆编码：数字"九"在汉语中有吉祥寓意，花瓣数暗合产品 9 大无添加承诺

产品载体：适合精华油、花瓣面膜等具象形态

现在我们换一个品类，再次让 DeepSeek 输出 5 个品牌名。

打开 DeepSeek，输入如下提示词。

你是一个非常专业的文案与营销专家，我正在经营一个高端健身品牌，请帮我想 5 个品牌名称。具体
要求如下。

\# 命名原则：简单直白、容易传播、符合大众审美、能激发正面联想，且符合产品特点。

\# 命名逻辑：请遵循以下 5 种不同的命名逻辑，每个逻辑生成 1 个命名。

\#\# 逻辑 1：品类命名法，比如小罐茶、全棉时代。

\#\# 逻辑 2：关联效果法，比如舒肤佳、美加净、飘柔等。

\#\# 逻辑 3：高频口语命名法，比如去哪儿、饿了么。

\#\# 逻辑 4：代表人物命名法，比如康师傅、老干妈。

\#\# 逻辑 5：量词 + 动植物 / 事物关联命名法，比如三只松鼠、六个核桃。

 DeepSeek 回复如下。

根据您的要求，我构建了符合 5 个命名逻辑的品牌名称。

1. 高频口语法 -【练到位】（对标"去哪儿"逻辑）

　　场景化指令：模拟教练口令与会员自我激励场景

　　社交裂变设计：可开发 # 每日练到位 打卡挑战赛

　　技术支撑：需配套心率监测手环实现动作标准度实时反馈

　　……

5. 关联效果法 -【型动力】（对标"美加净"逻辑）

效果可视化：将"塑形+能量"双重诉求植入名称
声韵测试：三字结构在嘈杂环境中识别度达 92%（模拟商场场景播报实验）
产品延伸：适配智能体脂秤、蛋白质补剂等衍生品
执行建议：
在 LOGO 中植入动态元素（如脉搏线条、肌肉纤维纹路）增强数字端传播
提前规划名称 SEO 适配性（测试显示"型动力"在健身关键词搜索中天然占位）

当然，如果你有更明确的诉求与偏好，也可以让 DeepSeek 仅基于某个命名逻辑，比如关联效果命名法，一次性生成多个品牌名进行挑选。也可添加更多背景信息，诸如用户群体是高端还是中低端、需要的品牌调性是简约还是奢华等，来进一步控制 AI 生成品牌名的方向。

搜索微信公众号"焱公子"，在公众号对话框输入关键词"**AI 命名**"获取本节 AI 提示词。

··· **实战演练** —————————————————————————————

假如你正在经营一个零食品牌，请依照本节所演示的步骤，挑选 3 个以上的命名逻辑，为你的品牌取一个亮眼且令人印象深刻的名字吧。

—— ···

1.2　定位：高效完成竞品分析，轻松做出差异化定位

【本节导读】

竞品分析是品牌定位过程中的一个重要环节，它涉及对竞品的市场策略和用户体验等多维度的深入研究。通过大量的竞品分析，企业可以了解市场趋势和用户需求，发现自身的优势和不足，从而优化产品策略，做出自家产品的差异化定位，从而在激烈的市场竞争中占据有利位置。使用 AI 做出自家产品的差异化定位具体可分为 3 步：**了解竞品分析的基本维度；使用 AI 搜索并梳理竞品相关信息；使用 AI 做出自家产品的差异化定位。**
我们将这 3 步提炼为一个公式：

AI 辅助竞品分析 =
了解竞品分析的维度 + 搜索并梳理竞品信息 + 做出差异化定位

1.2.1　竞品分析的基本维度

做竞品分析就像在赛场上观察对手的每一个动作，看清他们的招式，找到他们的弱点，从而让我们更好地设计应对策略。

通常来说，我们会从以下 5 个基本维度来对一个竞品进行分析。

1. 产品卖点。我们要仔细观察竞品有何独特之处，是不是有那种与众不同的核心功能。比如竞品是不是有特别吸引用户的亮点？是速度快、用起来顺手还是特别容易让人上头？

2. 价格策略。竞品卖的价格是什么样的？是高价走高端路线，还是低价抢占市场？价格的高低往往代表着对手瞄准的是哪一类用户，是年轻的更注重格调的都市白领，还是更注重性价比的普通消费者？所以，了解竞品的价格策略，也即了解目标人群。

3. 营销策略。竞争对手是通过哪些渠道和方式把产品送到消费者手里的？是线上商

城、实体店还是私域渠道？他们的推广手段有哪些独到之处？

4. 技术创新。竞争对手在技术上有没有什么突破或者独到之处？有没有搞出什么新的玩法？这是决定他们能否持续"称霸"市场的重要因素。

5. 用户反馈。多从各种渠道搜集竞品的用户评论，分析是点赞多还是吐槽多？这能帮我们判断竞品是否真的被用户喜欢，还是只是表面风光。

这 5 个基本维度的分析结果，就像是一幅详细的战术地图，能够帮我们全面了解竞品的强项和弱点，从而在市场竞争中"见招拆招"，找到制胜之道。而从 AI 工具自然也能帮助我们更有针对性地进行资料搜索与分析，从而更好地完成自身品牌和产品的定位。

1.2.2　使用 AI 搜索并梳理竞品相关信息

了解了上述竞品分析的基本维度后，就可以让 AI 辅助我们工作了。在本例中，我们使用天工 AI 来完成竞品相关信息的搜索、梳理和分析工作。

天工 AI 采用混合专家模型（MOE）架构，在应对复杂任务时能力更强、响应速度更快，被用户称为"搜索界的闪电侠"。同时，它可以将整个网络作为资料库，保证了内容来源的广泛性，并具备深入探求用户问题的能力，特别适合竞品相关信息的搜索及梳理工作。

假设我们正在经营一家食品饮料企业，打算开发一款名叫"能量百分百"的功能性饮料，计划先借助 AI 完成基础的竞品分析工作。

打开天工 AI，点击"研究"按钮，输入如下提示词。

> 我们打算开发一款叫"能量百分百"的功能性饮料，现在需要做竞品分析。请你搜索全网，从【产品卖点】、【价格策略】、【营销策略】、【技术创新】、【用户反馈】五个维度搜集当前市面上排名前 5 的功能性饮料相关材料。

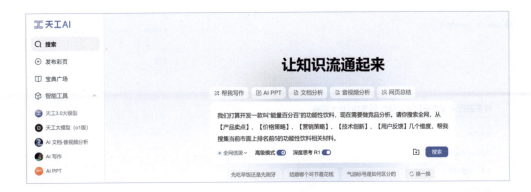

点击"搜索"按钮，天工 AI 很快便返回了详细的搜索结果，并自动完成了整理和总结。（注：因整体内容较多无法完全截取，此处仅展示天工 AI 生成的部分内容）

可以看到，在天工 AI 的回复中，不仅有规整的文字总结，右边栏还列出了参考资料。如果读者需要查看具体的参考资料，可以点击对应的链接，继续深入阅读。此外，天工 AI 还自动将所有内容整理成了脑图（思维导图），方便我们更好地提炼关键信息。

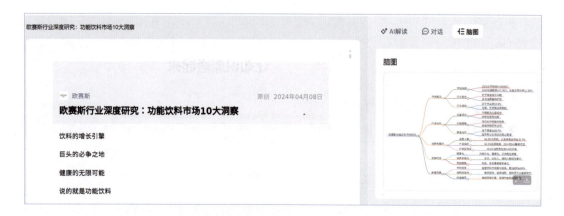

基于现有信息，我们还可以继续追问天工 AI。

输入如下提示词。

 天工 AI 回复如下。

功能性饮料的营销案例通常涉及品牌合作、创新的广告宣传、社交媒体营销等策略。以下是一些具体的营销案例。

红牛与雅迪的跨界营销：红牛安奈吉与电动车品牌雅迪合作，通过一系列整合营销推广活动，如推出联名产品和举办品牌联合嘉年华，成功提升了品牌形象并吸引了消费者关注。

元气森林的跨界合作：元气森林与多个大型餐饮连锁品牌合作，通过在餐饮场景中推出限量版产品和打造主题店，深化了市场布局。

……

社交媒体整合：消费者在扫描二维码后，可以直接关注品牌的官方社交媒体账号，获取更多品牌信息和优惠活动。

监控活动效果并调整策略：品牌方需要实时监控通过二维码开展的营销活动的效果，并根据消费者的参与情况和反馈意见调整策略，确保活动的顺利进行。

如果有竞品分析需求，可以继续追问，感兴趣的读者可自行继续进行尝试。

1.2.3 使用 AI 做出自家产品的差异化定位

在 1.2.2 节中，我们借助天工 AI 完成了竞品相关信息的搜集、梳理和分析工作。现在，我们将使用 Kimi 继续辅助进行产品的差异化定位工作。

打开 Kimi，输入如下提示词。

你是一个资深的营销专家，请详细列出一款产品可以从哪些方向做差异化设计？

K Kimi 回复如下。

产品可以从以下方向进行差异化设计。
1. **核心价值主张**：明确产品的独特价值主张，即产品为消费者提供的独特好处或解决方案。
2. **目标市场**：确定并专注于特定的目标消费群体，了解他们的需求和偏好。
3. **产品特性**：
- **功能**：产品的独特功能或性能优势。
- **设计**：产品的形状、颜色和风格。
- **质量**：产品的耐用性和可靠性。
4. **技术创新**：利用最新的技术或专利来提升产品性能或创造新的使用体验。
5. **用户体验**：优化用户与产品交互的每一个环节，包括易用性、便捷性和享受度。
6. **品牌故事**：构建一个引人入胜的品牌故事，与消费者建立情感联系。
7. **价格策略**：根据产品的价值和目标市场制定有竞争力的价格策略。
8. **分销渠道**：选择独特的销售渠道或创造新的分销模式，如直销、在线市场或独家合作伙伴。
9. **客户服务**：提供卓越的客户服务和支持，包括售后保障、定制服务或忠诚度计划。
10. **社会责任**：展现企业的社会责任，如环保、公平贸易或社区支持。
11. **市场细分**：识别市场中的细分领域，针对特定需求或偏好开发产品。
12. **定制化和个性化**：提供定制化或个性化的产品选项，满足消费者的个性化需求。
13. **包装**：创新的包装设计可以提高产品的吸引力和识别度。
14. **营销传播**：通过独特的营销传播策略，如故事营销、情感营销或影响者营销，来提升品牌知名度和形象。
15. **产品线组合**：通过多样化的产品线来满足不同消费者群体的需求。
16. **生命周期管理**：通过不断创新和更新产品，保持产品的新鲜感和市场竞争力。

17. **数字化和智能化**：整合数字化和智能化元素，提升产品的现代感和科技感。
18. **法规和标准**：符合或超越行业标准和法规要求，作为产品差异化的一部分。
19. **供应链优势**：展示供应链的透明度、可持续性或效率，作为差异化的一部分。
20. **国际或文化元素**：利用产品的国际背景或文化特色来吸引特定消费者群体。

    Kimi 很快列出了核心价值主张、目标市场、产品特性等 20 个可以做差异化设计的方向。接下来，我们借助 Kimi 强大的长文本分析能力，对竞品信息进行阅读总结。

    打开 kimi，输入如下提示词。

> 请帮我总结该网页里的内容（附上网页链接地址）。

    K Kimi 回复如下。

> 该网页提供了一份关于功能性饮料市场竞品分析的报告，主要内容包括以下几个方面：
> 1. **产品卖点**：分析了市面上常见的功能性饮料品牌，包括红牛、东鹏特饮、乐虎、战马和宝矿力水特，并突出了它们各自的产品特点，如提神醒脑、补充能量、补充电解质等。
> 2. **营销策略**：描述了各品牌如何通过赞助体育赛事、影视剧植入、"病毒式"营销等手段来建立品牌形象和提高品牌曝光度。
> ……
> 9. **社交媒体营销**：分析了功能性饮料品牌在社交媒体上采用的营销策略。
> 10. **二维码技术**：讨论了功能性饮料品牌如何利用二维码技术来增强消费者的互动和购买体验。

    至此，就可以使用 Kimi 辅助做差异化定位了，此处以从产品特性、价格策略和用户体验 3 个方面做差异化定位为例。

    打开 Kimi，输入如下提示词。

> 我打算开发一款叫"能量百分百"的功能性饮料，主要用户是热爱运动的都市白领。你是一位非常资深的营销专家，有着天才的创意和令人意想不到的脑洞。请充分参考上述网页里的资料，分别从产品特性、价格策略和用户体验这 3 个方面，为这款产品做差异化定位。

K Kimi 回复如下。

1. 产品特性差异化定位

方向一：智能健康管理

- 核心概念：结合智能穿戴设备，提供个性化的能量补充方案。
- 功能创新：饮料包装内嵌入 NFC 芯片，并与用户的健康追踪设备同步，根据用户的日常活动量和身体状况推荐合适的饮用时间和饮用量。
- 成分特色：含有天然电解质、维生素和矿物质，特别添加适应原成分，如人参、红景天等。

……

2. 价格策略差异化定位

方向一：捆绑销售

定价策略：与运动装备或健身服务捆绑销售，并提供优惠套餐。

合作伙伴：与健身房、瑜伽工作室或其他健康生活品牌合作，共同推广健康生活套餐。

……

3. 用户体验差异化定位

方向一：互动体验

体验创新：开发增强现实（AR）应用，用户通过手机扫描产品包装，可以观看产品介绍或参与互动游戏。

社区建设：建立线上社区，并鼓励用户分享饮用体验和运动成就，从而增强用户黏性。

……

如果对它生成的结果不满意，还可以重新生成，从而获得更优的结果。

我们要强调的是，AI 只是辅助工具。尽管本节全程基本都是通过 AI 实现的，但最终如何做自己的产品定位，还得我们自己说了算。

搜索微信公众号"焱公子"，在公众号对话框输入关键词"**AI 定位**"获取本节 AI 提示词。

··· **实战演练** ────────────────────────

假如你公司正在研发一款洗发水，请依照本节所演示的步骤，完成相应的竞品分析和做出产品的差异化定位。

1.3 logo：七大 logo 风格任意选，助力品牌 1 分钟锁定视觉锤

【本节导读】

logo 对于一个品牌来说有着非常重要的意义，可以说 logo 是品牌的视觉象征。它不仅仅是一个图形或标志，更是品牌形象、品牌价值观和品牌个性的浓缩体现。本节我们将演示如何通过 Midjourney 这款 AI 绘图工具，快速绘制品牌 logo。使用 Midjourney 绘制品牌 logo 具体可分为 5 步：**选择 logo 风格；明确 logo 主体图案与材质；明确 logo 配色；使用 AI 绘制品牌 logo；合理布局文字信息。**

我们将这 5 步提炼为一个公式：

AI 绘制高质量品牌 logo=

选择风格 + 明确主体 + 明确配色 + 绘制品牌 logo+ 布局文字

1.3.1 品牌 logo 的 7 种推荐风格

一个独特且易于记忆的品牌 logo 可以迅速提高品牌认知度，并帮助消费者在短时间内识别出该品牌。不同行业适配的 logo 风格也不尽相同。以下，我们推荐 7 种常用的 logo 风格，供有需求的读者进行参考和选择。

1. 极简主义风格（Minimalist Style）。这种风格以简约和精炼为特色，通常使用单色或有限的色彩，强调几何形状和负空间。比较适合希望传递简洁、高效和现代感的行业，比如科技、金融等行业。

2. 抽象艺术风格（Abstract Art Style）。这种风格采用抽象的图形和非具象的元素，利用颜色、线条和形状传递情感和概念。比较适合希望传递品牌独特性、创意性和前瞻性的行业，比如创意、时尚、艺术等行业。

3. 字母组合风格（Monogram Style）。这种风格通常将公司名称的首字母组合成一个独特的标志，通常强调对称性和设计感。比较适合追求高端、权威和经典形象的行业，

比如奢侈品、法律、金融咨询等行业。

4. 复古风格（Vintage Style）。借鉴早期设计风格，使用复古的颜色、字体和图案，通常有一种怀旧感。比较适合强调历史传承和传统价值的行业，比如食品饮料、手工艺品等行业。

5. 未来主义风格（Futuristic Style）。这种风格采用前卫的设计元素，常用金属质感、渐变色和流线型的设计，营造出一种高科技感和未来感。比较适合强调创新、科技和前瞻性的行业，比如人工智能、汽车制造、航空航天等行业。

6. 水墨风格（Ink Painting Style）。这种风格采用传统的中国水墨画技法，强调墨色的变化和流动感，具有古典美和文化底蕴。比较适合需要传递传统文化和优雅文化的行业，比如茶叶、国学教育等行业。

7. 卡通风格（Cartoon Style）。这种风格使用可爱的图形和明亮的颜色，设计形象生动有趣，容易引发亲和力。比较适合希望传递轻松、愉快和亲民形象的行业，比如儿童用品、娱乐等行业。

1.3.2 使用 AI 绘制品牌 logo

想要绘制出高质量的品牌 logo，可以使用 Midjourney 来实现。由于 Midjourney 当前只支持英文输入，在使用 Midjourney 绘制品牌 logo 时，还需要把提示词转化为英文。下面，我们基于 7 种风格进行逐一演示。

1. 极简主义风格（Minimalist Style）

以给一家名为"NIU"的科技公司设计 logo 为例，设计思路如下。

风格 极简主义。

图案主体 因为"NIU"跟"牛"谐音，所以考虑使用一个简化的牛头轮廓作为主体。

配色 主色调使用冷色系，比如深蓝色或科技蓝，这种颜色能够传递专业性、可靠性和未来感。辅助色使用银灰色或白色，用于字体或图案的细节部分，以增加层次感和精致感。配色要保持高对比度，确保在不同背景上都能清晰识别 logo。

布局 文字放置于图案上方。

基于上述内容，可以撰写如下所示的中文提示词。

> 画一个公司品牌 logo，极简主义风格，主体是一个简化的牛头轮廓，主色调为深蓝色，辅助色为白色，图案上方展示英文字母"NIU"。

打开 Midjourney，输入对应的英文提示词。

> Draw a company brand logo, minimalist style, the main body is a simplified bull's head outline, the main color is dark blue, the complementary color is white, and the English letter "NIU" is displayed above the pattern.

 Midjourney 输出如下。

如果希望 logo 的个性化更强一些，还可以尝试加入一些专业的艺术风格，比如"**孟菲斯风格**"，即可得到一组更具个性化的 logo 设计图。

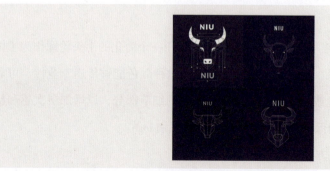

2. 抽象艺术风格（Abstract Art Style）

以给一家名为"Art"的艺术公司设计 logo 为例，设计思路如下。

风格　抽象艺术风格。

图案主体　主体使用不规则的几何形状、曲线或色块来构成。这些构成元素可以自由组合，不局限于常规的对称性，从而形成一种动态感和流动感，代表艺术的无界限和无限可能。

配色　选择深红色作为主色调，选择亮橙色作为辅助色，这些颜色可以激发视觉冲击力，从而传达出强烈的艺术氛围。同时大胆使用色块的叠加和交融，形成一种富有层次感的色彩组合。

布局　文字"Art"置于图案下方。文字和图案的布局应具有动态感，象征艺术的自由表达。

基于上述内容，可以撰写如下所示的提示词。

画一个公司品牌 logo，抽象艺术风格，主体使用不规则的几何形状、曲线或色块来构成。这些构成元素可以自由组合，不局限于常规的对称性，从而形成一种动态感和流动感。主色调为深红色、辅助色为亮橙色，大胆使用色块的叠加和交融，形成一种富有层次感的色彩组合。英文字母"ART"置于图案下方，文字和图案的布局应具有动态感。

打开 Midjourney，输入对应的英文提示词。

Draw a company brand logo, abstract art style, the main body is composed using irregular geometric shapes, curves or color blocks. These constituent elements can be freely combined to break the conventional symmetry and form a sense of dynamics and fluidity. Crimson as the main color and bright orange as the complementary color. Boldly use the superposition and blending of color blocks to form a layered color combination. The English letter "ART" is placed below the pattern, the layout of the text and pattern should be dynamic.

Midjourney 输出如下。

3. 字母组合风格（Monogram Style）

以给一家名为"MNS"的奢侈品公司设计 logo 为例，设计思路如下。

风格　字母组合风格。

图案主体　使用"MNS"作为图案主体进行设计。

配色　选择金色作为主色调，因为它象征着奢华和财富，能够突出品牌的高端定位。

布局　使用一个椭圆形作为外框，将"MNS"字母组合放置其中。

基于上述内容，可以撰写如下所示的提示词。

> 画一个公司品牌 logo，字母组合风格，图案主体是"NMS"，这 3 个字母要形成一个整体且连贯的图案，同时使用一个椭圆形作为外框，"NMS"放置在框内。字母为金色，白色背景，整体设计要充满高级感，以突出品牌的高端定位。

打开 Midjourney，输入对应的英文提示词。

> Draw a company brand logo, monogram style, the main body of the pattern is "NMS", these three letters should form a whole and coherent pattern, and use an oval as the outer frame, and "NMS" should be placed in the frame. The letters are gold with a white background, and the overall design should be full of high-end sense to highlight the high-end positioning of the brand.

Midjourney 输出如下。

4. 复古风格（Vintage Style）

以给一家名为"CLO"的服装公司设计 logo 为例，设计思路如下。

风格　复古风格。

图案主体　一个穿着旗袍的民国年轻女子的半身像。

配色　选择柔和系的色调，以橄榄绿和米黄色为主，这些颜色能够传递出温暖、可靠和传统的品牌形象。

布局　文字"CLO"置于图案下方。

基于上述内容，可以撰写如下所示的提示词。

> 画一个公司品牌 logo，复古风格，民国风，图案主体是一个穿着旗袍的民国年轻女子的半身像，色调柔和，以橄榄绿和米黄色为主，英文字母"CLO"置入图案下方。

打开 Midjourney，输入对应的英文提示词。

> Draw a company brand logo, vintage style, the style of the Republic of China. The main body of the pattern is a bust of a young woman wearing a cheongsam of the Republic of China. The colors are soft, mainly olive green and beige, and the English letters "CLO" are placed under the pattern.

Midjourney 输出如下。

5. 未来主义风格（Futuristic Style）

以给一家名为"JPEE"的汽车制造公司设计 logo 为例，设计思路如下。

风格　未来主义风格。

图案主体　一对充满科技感并展开的金属翅膀，象征着创新、速度和现代技术。

配色　选择金属银作为主色调，以此表现出未来感。选择霓虹色调的电光蓝作为辅助色，增加视觉冲击力，并突出科技感。

布局　文字"JPEE"位于展开的翅膀图案下方。

基于上述内容，可以撰写如下所示的提示词。

> 画一个公司品牌 logo，未来主义风格，图案主体是一对充满科技感并展开的金属翅膀，图案颜色为金属银，辅助色为霓虹色调的电光蓝，英文字母"JPEE"位于展开的金属翅膀正下方。

打开 Midjourney，输入对应的英文提示词。

> Draw a company brand logo, futuristic style, the main body of the pattern is a pair of metal wings full of technological sense, the pattern color is metallic silver, using neon-toned electric blue as a complementary color, the English letter "JPEE" is located directly below the spread of metal wings.

Midjourney 输出如下。

6. 水墨风格（Ink Painting Style）

以给一家名为"TAA"的茶饮公司设计 logo 为例，设计思路如下。

风格　水墨风格。

图案主体　一只通过水墨的方式呈现的茶壶。

配色　选择黑白灰为主色调，表现出经典和简约的美感。黑色用于主要的图案和文字部分，体现传统的墨色效果；灰色用于细节的渲染和过渡；白色则作为背景色，突出整个设计的简洁和纯净。

布局　此 logo 不添加文字。

基于上述内容，可以撰写如下所示的提示词。

> 画一个公司品牌 logo，水墨风格，简笔画，图案主体是一只茶壶，主色调为黑白灰，体现出传统水墨画的美感，背景色为白色。

打开 Midjourney，输入对应的英文提示词。

> Draw a company brand logo, ink painting style, stick figure，the main body of the pattern is a teapot, the main color is black, white and gray, reflecting the beauty of traditional ink painting, the background color is white.

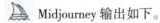 Midjourney 输出如下。

7. 卡通风格（Cartoon Style）

以给一家名为"CHD"的儿童用品公司设计 logo 为例，设计思路如下。

风格　卡通风格。

图案主体　一只可爱的卡通小兔子。

配色　采用明亮、柔和的色彩。选择橘黄色作为主色调，选择奶油色作为背景色。

布局　小兔子手中举着一个牌子，上面写着字母"CHD"。

基于上述内容，可以撰写如下所示的提示词。

画一个公司品牌 logo，卡通风格，图案主体是一只可爱的小兔子，小兔子手里举着一个牌子，牌子上面写着"CHD"，主色调为橘黄色，背景色为奶油色，画面明亮柔和。

打开 Midjourney，输入对应的英文提示词。

Draw a company brand logo, cartoon style, the main figure is a cute little bunny, holding a sign in his hand with "CHD" written on it, the main color is orange yellow, the background color is cream, and the picture is bright and soft.

Midjourney 输出如下。

搜索微信公众号"焱公子",在公众号对话框输入关键词"**AI logo**"获取本节 AI 提示词。

··· **实战演练** ————————————————————————

挑选一种你喜欢的风格,按照本节所演示的公式和步骤,为你的品牌或者产品设计一款让人眼前一亮的 logo 吧。

1.4 文化：让品牌更有温度，快速产出打动人心的品牌故事

【本节导读】

品牌故事不是企业的一段历史或者一系列事件的简单叙述，而是企业价值观、使命和愿景的具象表达，是与消费者建立情感连接的桥梁。一个有血有肉、充满人情味的品牌故事，不仅可以增强消费者的品牌忠诚度，还能吸引更多的潜在客户，从而提升企业的市场竞争力。使用 AI 辅助创作品牌故事具体可分为 3 步：**明确写好品牌故事的关键点；搜集品牌故事相关素材；使用 AI 撰写品牌故事。**

我们将这 3 步提炼为一个公式：

AI 生成品牌故事 = 明确关键点 + 搜集素材 + 撰写故事

1.4.1 写好品牌故事的 5 个关键点

如果你是一个写品牌故事的新手，在正式开始写品牌故事前，有必要先了解写好品牌故事的一些关键点，这有助于你更好地帮助自己的品牌写出打动人心的品牌故事。以下内容是一个具体范例。

2014 年，一款名为"55 度杯"的产品一经推出便迅速走红，成为各大电商平台的新宠，并引发了广泛的讨论和关注。在最炙手可热时，女生们甚至自发为它编写了广告词："你送我一杯子，我暖你一辈子"，男生则称其为"暖男神器"。

该杯子采用相变金属填充于内部导热层与外部隔热层之间，通过摇晃可以迅速将 100 ℃水温调节至适合饮用的 55 ℃水温。

"55 度杯"的设计者——洛可可创新设计集团董事长贾伟介绍，"55 度杯"的设计初衷和设计灵感源于一个家庭事故。他的小女儿两岁时，爷爷给她倒了一杯开水并放在桌子上，结果孩子围着桌子玩耍时不慎打翻了杯子，开水泼到了她的脸上和胸口。这次家庭事

故让贾伟深刻体会到防止烫伤的重要性，并激发了他创造一款能够自动调节水温的杯子的想法。他希望不会再有任何孩子，遭遇到被烫伤的不幸。

这无疑是一个非常好的品牌故事范本，它后续的销售成绩及引发的一系列激烈讨论也充分证明了这一点。它好在何处？我们总结了以下 5 个关键点。

1. 真实。消费者在选择品牌时，往往也会去了解品牌背后的人和故事。因此，品牌故事的第一要素是真实。那些虚构和过分夸大的故事，虽然可以在短期内吸引眼球，但很难长久维持消费者的信任。一个真实的品牌故事，能够让消费者感受到企业的真心诚意，从而建立起一种稳固的信任关系。

2. 共鸣。品牌故事需要与消费者产生共鸣。这种共鸣可以通过唤起共同的价值观、生活体验或情感来实现。比如上例中，贾伟通过讲述自己小女儿不慎被烫伤的经历，既说出了他设计"55 度杯"的初衷，也能让很多父母感同身受，产生共鸣和好感。

3. 金句。新媒体时代，一句令人印象深刻的金句，会比故事本身更容易传播。所以"你送我一杯子，我暖你一辈子"这样一句简单却富有感染力的广告词，才在消费者中迅速流传开来，不仅为产品创造了话题，还让消费者自发地成为了品牌的推广者。

4. 简洁。品牌故事不同于我们日常所熟悉的长篇故事，它的主要功能是传播和打入用户内心深处，因此，要避免冗长复杂的叙述，内容要尽可能简洁明了，才能让消费者理解和记住。

5. 与卖点高度契合。品牌故事是服务于品牌和产品的，因此故事本身必须与产品的卖点高度契合，贾伟小女儿被烫伤，促使他设计出了"55 度杯"，以此期望孩子被烫伤的悲剧不再上演，这便是与卖点高度契合。

1.4.2　搜集品牌故事相关素材

在创作品牌故事时，搜集品牌故事相关素材是至关重要的一步。通过全面搜集品牌相关素材，可以确保品牌故事真实、可信且具有吸引力。我们可以从以下 4 个方面进行品牌故事相关素材的搜集。

1. 企业发展历史和发展历程。 比如创始人的创业故事、公司发展的重要节点事件和公司经营的重大决策等。在搜集过程中要尽量挖掘细节，如创始人在最初阶段的困难或某个关键时刻的具体决策，同时要保持真实性，切勿过分美化或夸大，以免故事失去可信度。

2. 产品或服务的独特性。 比如一个创意的诞生到最终产品的上线过程、一次技术的重大突破等。注意，要突出品牌产品或服务在市场中的独特性，而不是与竞争对手直接进行全方位的比较。同时，要从用户角度出发，展示产品如何解决他们的问题或满足他们的需求。

3. 品牌文化与价值观。 如品牌秉持的使命、愿景和社会责任等，这些是一个品牌能够长期发展最大的内驱力，也是最容易打动消费者的方向之一。可以通过展示内部员工的故事、品牌和客户的互动故事，来集中体现品牌的文化与价值观。注意，具体的故事和案例比大而空洞的表述更有力量，更能打动人心。

4. 用户故事与用户反馈。 包括对产品或服务的满意度、使用感受、使用产品后发生了哪些变化等，这些客户故事能直观体现出品牌的影响力，也容易被用户接受。比如你可能听过 A.O. 史密斯热水器的这句广告词：**"我家的 A.O. 史密斯热水器是父亲在 50 多年前买的，过了半个世纪还在用它，你也想用半个世纪？**（广告的大致意思）"是的，尽管只有一句话，但是它本质上就是一个从用户角度讲述的品牌故事。需要注意：**选择最有代表性的用户故事，并在用户同意的前提下使用该用户故事。**

在搜集以上资料的过程中，更重要的是保持敏锐的洞察力和批判性思维，不仅要关注事实本身，还要尽可能挖掘出那些能够打动人心的细节。这样才能让创作出来的品牌故事充满温度和力量，更容易与目标受众产生情感共鸣。

当然，如果你手上已经有大量品牌故事相关素材，也可以让 AI 辅助进行整理、提炼和总结，以进一步提升效率，参考提示词如下。

> 你是一个专业的【内容整理】和【故事创作】高手，我现在想要为公司写一篇品牌故事。请你基于此，对我发送给你的资料进行逐一筛选和整理，提取出最有【记忆点】和【传播潜力】的事件和相关细节，作为我后续创作品牌故事的备选素材。

1.4.3 使用 AI 撰写品牌故事

素材搜集完毕后，即可以进入正式的品牌故事创作工作。此处，我们选择 ChatGPT 作为创作工具，并以为一家培训商业演讲和沟通表达能力的公司写品牌故事为例来演示品牌故事创作过程。

这里姑且称这家公司为 S 公司，公司创始人为小张。假设我们已经从大量的原始素材中提炼出如下内容作为品牌故事的创作素材。

【10 年前，刚刚毕业的小张在北京的街头一筹莫展。因为性格内向、拙于表达，他已经连续被二十多家公司拒绝，身上只剩不到 100 元，这个时候也不懂如何跟朋友开口借钱。后来，还是好心的室友帮他解了燃眉之急，不仅帮他借到了钱，还凭借高明的沟通技巧，为他赢得了与心仪公司负责人再次见面的机会，成功获得了就业机会。

从那时起，小张就深深认识到表达的重要性，从此在工作中不断刻意练习，获得了很多机会和青睐。工作 5 年后，他离职出来创立了一家商业演讲和沟通表达能力培训公司，致力于帮助那些和曾经的自己一样性格内向的人。

目前，他已经成功帮助超过 10 万人，让他们变得更加自信、爱上表达、精于表达，并因此获得了心仪的职业发展机会。】

打开 ChatGPT，将以上素材（简称【小张的故事素材】）粘贴进对话框，并输入如下提示词。

你是一个非常专业的营销高手和故事创作者，请基于【小张的故事素材】里的以上素材，帮一家专注培训商业演讲和沟通表达能力的公司——S 公司写一篇企业品牌故事。
具体要求如下：
1. 确保真实性；
2. 内容简洁明了；
3. 能让目标受众产生共鸣；
4. 要跟品牌调性和卖点契合；
5. 故事末尾要以一句金句收尾，让故事具有利于传播的记忆点；
6. 字数在 500 字左右。

 ChatGPT 回复如下。

《用表达改变命运》

十年前，北京街头，刚刚毕业的小张正陷入人生的低谷。由于性格内向、拙于表达，他在求职路上屡屡碰壁，已经连续被二十多家公司拒绝，身上仅剩不到 100 元。那时的小张甚至不知道该如何向朋友开口借钱。就在他几乎绝望之际，室友伸出了援手，不仅帮他借到了急需的资金，还凭借自己高超的沟通技巧，为小张争取到了与心仪公司负责人的再次面谈机会。最终，小张成功获得了这份工作。

这次经历让小张深刻认识到，表达能力不仅是职场生存的基本技能，更是改变命运的重要力量。从那时起，他在工作中重点练习表达的技巧，并逐渐掌握了高效表达的技巧，也因此获得了更多的机会与认可，职业生涯迅速攀升。

工作五年后，小张决定将自己的经验分享给更多人。他创立了 S 公司，一家专注于培训商业演讲和沟通表达能力的公司，致力于帮助那些和曾经的自己一样性格内向、拙于表达的人找到自信，掌握表达的力量。

如今，S 公司已经帮助超过 10 万人提升了表达能力，让他们变得更加自信、爱上表达、精于表达，并因此获得了心仪的职业发展机会。S 公司的课程不仅教授实用的表达技巧，更通过个性化的辅导和真实场景的演练，让学员们在实践中不断提升自己的表达能力。

"**掌握表达，掌握未来**"是 S 公司始终秉持的信念。S 公司相信，每个人都能通过表达，改变自己的命运，走向更加辉煌的未来。

搜索微信公众号"焱公子"，在公众号对话框输入关键词"**AI 文化**"获取本节 AI 提示词。

… **实战演练** ────────────────────────

请按照本节所演示的公式和步骤，为你们公司的品牌也写一篇品牌故事吧。

────────────────────────────────── …

第 2 章

AI 赋能个人 IP 打造

2.1　人设：怎样的你更受用户欢迎？让 AI 给你答案

【本节导读】

当下是一个个体崛起的时代，对于打造个人 IP 的个体来说，拥有一个清晰且鲜明的人设能够帮助个人 IP 持有者更牢固地被目标用户记住，从而更好地提升影响力，并达成其商业诉求。使用 AI 工具辅助完成人设建立具体可分为 3 步：**了解"立人设"的基本原则；明确人设方向；使用 AI 确立人设。**

我们将这 3 步提炼为一个公式：

AI 建立人设 = 了解原则 + 明确方向 + 确立人设

2.1.1 "立人设"的基本原则

人设是什么？简单来说即人物设定，对于明星或公众人物来说，指的是他们在公开平台呈现出的一个相对清晰完整的形象或定位，比如"行走的荷尔蒙""叔圈顶流""高冷女神"等。然而，这或许只是他们的荧幕形象，并不一定是真实的，所以人设崩塌事件总是屡见不鲜。

因此，对于绝大多数普通人来说，立人设的第一原则是**真实性**，不可背离自己原本的特质。如果本来就是一个"社恐"，就不要扮演"社牛"；本来生活就没有规律，也不必"硬凹"自律人设。否则，这人设必定不能长久，早晚都会崩塌。

那么，是不是只要做真实的自己，就叫立稳了人设？也不尽然。正如写小说一样，人物塑造需要具有**典型性**，这样塑造出的人物才有记忆点和吸引力。你如果经常刷短视频，可能会看到各种吐槽"直男"，又或者刻画各种"暖男"的段子，后者甚至常常被标榜为"别人家的男友"。人性是复杂的，现实中不太可能有那么极致的特质，但在快节奏的短视频里，就是需要把某种特质推到极致，同时淡化其他特质，才能让大家迅速记住你是谁。

同时，绝大多数普通人立人设并打造 IP 并非为了娱乐，而是有明确的诉求，如提升个人影响力、获得商业变现等，因此通常都会倾向于选择正面的、能与自己的商业诉求、产品或服务产生关联的特质，即立人设还应该具备**商业性**。

基于这三个基本原则，在《引爆 IP 红利》一书中，作者焱公子和水青衣对于普通人的人设下了一个定义：**人设是基于你的明确诉求所构建出来的，你的某个可被用户感知的特质的放大。**

诉求，即上文提到的商业诉求，你的人设应该跟诉求直接挂钩。

特质，即你身上有的，能够代表你自己的某个特点。

可感知，即你这个特质并非由你说了算，而是让用户也清晰感知到这个特质。

以上原则，都将作为后续输入给 AI 的约束条件，以便让它提炼出更适合我们的人设。

2.1.2　明确人设方向

从个人 IP 打造的角度，可以把人设归为**专业型、靠谱型和讨喜型** 3 个方向。这 3 个方向看起来清晰易懂，但想把它们传递给目标受众和 AI 都并非易事。

2.1.1 节中曾提到一个非常关键的词：**可感知**。并非你认为你自己是个什么样的人，在别人眼里你就是什么样的人。用户凭什么觉得你专业、靠谱或者讨喜呢？或者换句话说，是什么才会让一个人看起来专业、靠谱或者讨喜？

唯有再往下深挖一层，这件事情才能够真正讲清楚，也才能被用户感知，被即将替我们干活的 AI 感知。

是什么让一个人看起来专业？人是视觉动物，首先看的一定是外在。一身得体的装扮就会让一个人看起来专业，比如穿白大褂的医生、穿黑西服的房产销售、穿制服的警察。此外，头衔也会让一个人看起来专业，一个高校的教授、一个科学家、一个传媒专家，一听就感觉是专业的代名词。

与外在和头衔相比，专业更重要的体现是看一个人开口说什么。自说自话并不能让人信服，但说你曾获得的结果、取得的成绩、服务过的超级案例，或者一些只有业内人士才知道的细节，就一定会让别人瞬间觉得你很专业。

鉴于本节侧重的是如何使用 AI 辅助打造人设，而非人设打造本身，故不再继续赘述靠谱型和讨喜型人设。感兴趣的读者可以通过《引爆 IP 红利》一书进行更深入了解。

当选定了自己的人设方向，便可"召唤"AI 开始干活了。

2.1.3　使用 AI 确立人设

基于 2.1.1 节和 2.1.2 节两个步骤，我们使用 ChatGPT，为程序员小杨打造他在线上的人设。小杨的基本情况如下。

【小杨，男，32 岁，已经做了 10 年程序员，对编程工作非常热爱，但居然神奇地没有脱发，头发反而比刚毕业时更显浓密，人也看起来更显年轻了。性格非常外向，跟人自来熟，健谈，爱讲段子，看起来总是对生活充满热情。几乎所有衣服都能接受，但唯独不爱穿格子衫，誓要做一个不一样的程序员。

上个月刚离职，离职原因是老板总把不赚钱的项目扔给他做，但他还是连续做完了三个，坚持到手上最后一个项目彻底交付完才离开，只为了证明这些项目自己能做，也想给老板最后一次机会，可惜对方完全没珍惜。

离职后，小杨尝试在短视频和直播平台讲编程知识，期望"影响更多人成为伟大的程序员"，但流量一直非常低，看的人寥寥无几。偶尔几次数据不错，都是被他讲的段子吸引。

目前，经过1个月的摸索，小杨初步确定了后续商业变现路径：不卖课、也不卖货，而是想把流量做大后，跟平台与品牌方谈广告植入合作。】

打开ChatGPT，将以上素材（简称为【小杨的基本情况】）粘贴进对话框，并输入如下提示词。

【小杨的基本情况】是程序员小杨的基础信息，他想要打造自己在线上的人设，以便更快找到目标受众，从而完成商业变现。

你是一个人设打造专家，非常善于根据不同打造者的特质，为其量身定制出令人深刻的人设。请注意，在打造人设时，请务必遵循真实性、典型性和商业性三大原则。真实性，即不能凭空捏造本身没有的特质；典型性，即这个特质可以进行适当夸张与放大，以达到快速吸引目标受众的目的；商业性，即人设建立，需要跟打造者自身的商业诉求相匹配。

此外，还要注重人设的"可感知性"，比如打造一个专业性人设，要从他的穿着、头衔设计、输出的内容等方向，都给出一些具体指引，这样才能让用户感知到打造者的专业。

请你根据如下格式，输出小杨的人设打造建议。请注意，要易传播、有记忆点、诙谐有趣。

1. 【人设关键词】
2. 【穿着建议】
3. 【自媒体昵称建议】
4. 【内容方向建议】

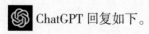 ChatGPT回复如下。

好的，以下是我为程序员小杨量身定制的人设打造建议。
1. 【人设关键词】

段子程序员 | 编程脱发克星 | 笑着写代码 | 不穿格子衫的极客

2.【穿着建议】

小杨可以选择一些轻松、时尚的休闲装，如简约的纯色 T 恤、修身牛仔裤，搭配时下流行的运动鞋，整体风格要清爽干练。为了突出"不穿格子衫"的人设，可以在社交媒体上偶尔调侃一下格子衫，从而增加辨识度和趣味性。同时，头发造型也要保持时尚、精神，进一步强化"脱发克星"的形象。

3.【头衔建议】

"全网最会讲段子的程序员"

"笑着写代码的脱发克星"

"程序员的开心果"

4.【自媒体昵称建议】

"杨咩咩的脱发秘密"

"代码段子手小杨"

"笑着写代码的小杨"

5.【内容方向建议】

内容以编程知识为主线，辅以段子和轻松的互动，形成"知识 + 娱乐"的独特风格。具体建议如下。

（1）段子 + 编程技巧：在短视频中，每期讲解一个编程小技巧，并结合轻松有趣的搞笑段子，让观众在笑声中学习编程。

（2）"不一样的程序员"生活分享：通过 Vlog 形式展示小杨作为"脱发克星"和"不穿格子衫"程序员的日常生活，让观众感受到程序员也可以生活丰富、充满活力。

（3）"编程入门"系列：针对零基础观众，讲解编程入门知识，配合轻松易懂的语言和幽默的表达降低学习门槛，从而吸引更多人对编程感兴趣。

可以看到，ChatGPT 按照格式要求输出了相应内容。如果对当前结果不满意，还可以多次刷新，以获取更接近预期的结果。

搜索微信公众号"焱公子"，在公众号对话框输入关键词"**AI 人设**"获取本节 AI 提示词。

··· **实战演练** ────────────────────────────────

如果你也正在打造自己的个人 IP，请仿照上述步骤，试试让 AI 帮你一起开开脑洞，打造自己闪亮且精彩的人设吧。

2.2 简介：掌握 1 个核心结构，生成专业又吸睛的自我介绍

> **【本节导读】**
>
> 自我介绍通常是别人了解你的第一步。无论是在面试、线下活动，还是在线社交，一个好的自我介绍可以迅速建立起专业且可信的形象。一份得体且精心设计的自我介绍，有助于让别人迅速了解你的核心竞争力，从而快速获得好感和信任。对于性格内向、拙于表达的读者来说，AI 会是你准备自我介绍的得力助手。使用 AI 生成自我介绍具体可分为 3 步：**规避自我介绍的误区；明确自我介绍的核心结构；使用 AI 生成专业吸睛的自我介绍。**
>
> 我们将这 3 步提炼为一个公式：
>
> AI 生成自我介绍 = 规避误区 + 明确核心结构 + 生成自我介绍

2.2.1 自我介绍的常见误区

以下是我们总结帮学员打造个人 IP 的多年经验，整理出的在做自我介绍时最常见的三大误区。

误区一：堆砌标签

在美剧《权力的游戏》中，龙母一出场，经常这样介绍自己："我是安达尔人、洛伊拿人和先民的女王，大草原的卡丽熙，龙之母，不焚者，风暴降生丹妮莉丝。"不得不说，仅从剧作的角度，结合龙母本身的性格，这个自我介绍的确有不错的戏剧效果，但放到现实中，这种方式却并不可取。

如果你不信，我们换成现实中的自我介绍，你再品一品："大家好，我是一名斜杠青年，自由职业者，我懂平面设计、喜欢阅读和写作、会弹钢琴、会拉小提琴、擅长社群运营、私域做得不错、最近在学 AI。"

是不是听完后完全不知道这个人是干什么的，也记不住他说了些什么？这就是堆砌标签。

误区二：用评价代替事实

所谓用评价代替事实，就是俗称的"王婆卖瓜，自卖自夸"。比如这样一段自我介绍："大家好，我的朋友们都说我是个很厉害的人。他们都说我聪明、有能力，就没有什么学不会的，从小我也是那种'别人家的孩子'。欢迎大家跟我交朋友啊，也一起感受一下我的厉害。"

姑且就当这位发言者的朋友们真的这样评价过，但这番说辞却一定不会讨喜，更不能圈粉。因为没有事实做支撑，也没有细节描述，只有主观论断，这就是用评价代替事实，完全没有信服力。

误区三：过于简短敷衍

很多人在做自我介绍时，可能只会说一句"大家好，我是×××，很高兴认识大家。"除非这是主办方规定好的介绍方式，要求你只能这样做自我介绍，其他场景下，都不推荐这样讲。因为，这样敷衍的自我介绍是不会给人留下任何印象的。要知道，自我介绍是我们连接陌生世界并建立新关系的一次非常关键的自我亮相，想要更好地融入新环境中，认真准备自我介绍必不可少。

2.2.2 自我介绍的核心结构

根据场合和诉求的不同，自我介绍的核心结构也不尽相同。从大类上区别，主要分为交际诉求和商业诉求。交际诉求的重点，更多是让对方发现你是个有趣的人，从而期望跟你进一步交往。这类自我介绍的核心内容是用很短的篇幅告诉大家自己有什么特别的地方。对此，我们总结了一个可套用的核心结构：**基于交际诉求的自我介绍＝温度（或有趣）＋差异化。**

比如，本书作者焱公子在很多非正式场合的自我介绍如下。

大家好，没错，我就是焱公子，如你们所见，我是个光头。

我知道你心里在想什么，你们在想我是个标题党。所谓公子，不是应该长发飘飘、风度翩翩吗，怎么会是你这副模样？

但我想跟大家说，我做过新媒体人，从新媒体传播的角度来讲，差异化内容更容易树立标识。你们要知道，长发飘飘、风度翩翩的公子千篇一律，而光芒万丈的公子万中无一。

我当然要做那个万中无一。

这样的自我介绍往往会引发一番哄堂大笑，但大笑过后，大家就会牢牢记住焱公子。

从商业诉求的角度出发做自我介绍，核心内容也非常明了：需要用尽量短的篇幅，清晰地告诉别人，自己能为他们做什么。对此，我们总结了一个可套用的核心结构：**基于商业诉求的自我介绍 = 我是谁 + 我能为你做什么 + 如何证明**。

仍以本书作者焱公子为例，在正式商业场合的自我介绍如下。

我是焱公子，一名内容创业者**（我是谁）**。

我专注商业内容营销，帮助大家以内容持续低成本获客**（我能为你做什么）**。

我曾凭一篇过亿阅读量的故事逆风翻盘，通过持续输出内容 1 年涨粉百万，并已帮助数十位传统企业经营者完成线上转型与破局**（如何证明）**。

2.2.3 使用 AI 生成专业吸睛的自我介绍

由于本章的侧重是如何使用 AI 辅助个人 IP 打造，下例主要演示通过 AI 生成基于商业诉求的自我介绍的过程。此处使用 ChatGPT 并继续使用 2.1 节中程序员小杨的基本情况，为他写一个自我介绍。【小杨的基本情况】见 2.1.3 节。

打开 ChatGPT，将以上素材粘贴进对话框，并输入如下提示词。

【小杨的基本情况】是程序员小杨的基础信息，你是一个非常专业的商业内容营销高手，现在我需要你帮小杨写一个在公开场合使用的自我介绍，具体要求如下。

1. 请务必规避自我介绍的 3 大误区：标签堆砌、用评价代替事实和过于简短敷衍。因此，上述信息并不一定需要 100% 体现在自我介绍中，有些甚至可能是干扰信息，请注意筛选与聚焦。

2. 请遵循"我是谁""我能为你做什么""如何证明"这样一个三段式结构来组织自我介绍的内容。请注意，你输出的文本中不需要写出"我是谁""我能为你做什么""如何证明"这些字样，直接写自我介绍即可。

3. 由于是自我介绍，请以第一人称来进行叙述。

 ChatGPT 回复如下。

> 我是小杨，一名编程领域的探索者和知识传播者。
> 我致力于通过短视频和直播平台，向更多人传授编程知识，帮助他们迈向成为优秀程序员的道路。
> 凭借 10 年的编程经验和完成众多大项目的背景，我不仅以幽默和独特的讲解方式吸引了不少关注，同时也找到了真正适合自己的商业变现路径。

可以看到，ChatGPT 非常严格地按照"我是谁""我能为你做什么""如何证明"这样一个三段式结构输出了小杨的自我介绍，同时也很好地规避了无效信息。

搜索微信公众号"焱公子"，在公众号对话框输入关键词"**AI 简介**"获取本节 AI 提示词。

··· **实战演练** ─────────────────────────────────────

现在，请按照本节演示的步骤，为你自己也写一个专业且吸引人的自我介绍吧。

── ···

2.3　故事：抓住 6 个关键步骤，写出令人叫好的个人品牌故事

【本节导读】

对于想要打造个人 IP 的个体而言，一篇精心设计的个人品牌故事无疑是极大的加分项。借由品牌故事展示你独特的经验、视角或技能，可以很好地强化你与他人的差异性。同时，一个富有情感的个人品牌故事更容易打动受众内心，促使他们在情感上认同你或者你所代表的品牌，为你带来更多的长期支持者。使用 AI 辅助创作个人品牌故事具体可分为 6 步：**了解个人故事与个人品牌故事的核心区别；了解写好个人品牌故事的关键点；搜集个人品牌故事所需原始素材；确定个人品牌故事写作框架结构；使用 AI 生成个人品牌故事初稿；反复调优生成个人品牌故事终稿。**

我们将这 6 步提炼为一个公式：

AI 生成个人品牌故事 = 了解个人故事与个人品牌故事的核心区别 +
了解关键点 + 搜集素材 + 确定结构 + 生成初稿 + 调优生成终稿

2.3.1　个人故事与个人品牌故事的核心区别

个人故事和个人品牌故事，虽然都涉及个人经历和形象的塑造，但在目的和呈现方式上有很大区别。

个人故事是关于一个人生活经历、成长过程、情感经历等方面的叙述，往往具有更强的私密性和情感性，侧重展现主角本身独特的经历和感受。从目的上说，个人故事的核心是分享个人的经验、情感或教训，可能是为了与他人建立情感共鸣，也可能仅仅是表达自己的心声。这类故事通常没有明确的商业或公众形象塑造的意图。

个人品牌故事则是个人故事的商业化版本，重点在于如何将个人形象和价值观塑造成一种品牌，旨在传达一个特定的形象或价值主张，更注重与目标受众的相关性和吸引力。

从目的上讲，个人品牌故事的核心是建立和传播一个具有影响力的个人品牌形象，从而在职业或商业领域中获得认可和信任。它通常用于展示一个人在某个领域的专业性和独特性，从而吸引潜在的客户、合作伙伴或雇主。因此，个人品牌故事在内容设计上需要更具针对性和策略性，通常围绕个人在商业上的定位和独特卖点展开，强调个人如何为他人或市场带来价值。

总体而言，个人故事更注重个人经历和情感，而个人品牌故事则更关注如何通过这些经历和价值观来塑造和传播一个有影响力的个人形象，从而达到特定的职业或商业目标。明晰了这一区别，我们才能更好地引导 AI 辅助生成更有针对性的个人品牌故事。

2.3.2　写好个人品牌故事的关键点

根据个人故事与个人品牌故事的核心区别，并结合曾为上百位客户及合作伙伴撰写个人品牌故事的实操经验，焱公子为你总结了写好个人品牌故事的 5 个关键点。

1. 明确的定位。 你希望通过本篇故事让自己在目标受众心里留下怎样的印象？这是一篇个人品牌故事成立的基石，所有的故事情节和细节都应该围绕这一定位展开。

2. 突出差异性。 你的个人品牌故事应尽可能展现出你与众不同之处。想一想，你的经历、视角或技能中有哪些是与众不同的，或者能够在竞争中脱颖而出的。这可以是你独特的职业路径、特别的生活经历，或者与众不同的工作方式。

3. 真实且具体。 一定要通过发生在自己身上的真实且具体的故事来支持你的价值主张，而不是单纯的口号或空洞的宣传。唯有真实的故事才能增加可信度和共鸣感，从而帮助你与受众建立更深的联系。

4. 目标受众导向。 在动笔之前，务必想清楚你的目标受众是谁，他们的需求、痛点和关注点是什么，并在故事中展示你如何为他们提供价值。

5. 展示成长与变化。 个人品牌故事亦是故事的一种。主角在故事中必须有成长和变化，这才能增强故事的张力，同时也才会引发读者的共鸣和代入感。

2.3.3 搜集个人品牌故事所需原始素材

为了写出一个具有吸引力且能提升影响力的个人品牌故事，通常需要预先收集相关原始素材。

比如，个人背景信息。它包括你的职业路径，过去的工作经历、职位、职责，以及你在各个阶段取得的成就或重要的职业转折点。

比如，兴趣爱好。兴趣爱好可以帮助丰富你的品牌故事，使其更具个性化和人性化。

比如，价值观与个人定位。你的价值观是如何影响你的生活决策和职业选择的。你希望如何被他人（客户、雇主、合作伙伴等）看到？你的独特卖点是什么？你在市场上如何定位自己？

还有人生的重大事件与转折点，它们是如何改变你的职业方向甚至人生方向等等。

通常，焱公子在帮客户写个人品牌故事时，会给他们一张如下所示的个人品牌故事原始素材搜集表。

个人品牌故事原始素材搜集表	
素材类别	具体内容
个人背景信息	1.详细描述你的职业路径，包括过去的工作经历、职位、职责，以及你在各个阶段取得的成就或重要的职业转折点。
核心价值观	1.你认为你的核心价值观是什么?这些核心价值观如何影响你的决策、行为以及职业选择?
个人IP定位	1.你希望如何被他人(客户、雇主、合作伙伴等)看到? 你的独特卖点是什么? 你在市场上如何定位自己?
关键经历与故事	1.分享那些对你职业生涯或人生观产生重大影响的关键事件，以及这些事件如何改变了你的职业方向或塑造了你的个人品牌? 2.描述你在职业或生活中遇到的重大挑战，以及你克服这些挑战的具体过程。 3.提供你取得显著成就的具体案例，最好是那些能够展示你的核心能力和价值观的案例。
目标受众	1.你希望你的个人品牌故事吸引哪些人? 这些人的特点、需求和痛点是什么? 2.你如何为这些目标受众创造价值? 希望通过品牌故事传达哪些信息给他们?
愿景与未来目标	1.你对未来的职业或人生有什么目标? 这些目标如何与当前的个人品牌相关联? 2.你未来计划如何发展你的个人品牌? 是否有具体的项目或计划在进行中?
个性化元素	1.你希望个人品牌故事采用什么样的语气? 是正式、幽默、亲切，还是其他风格? 2.是否有与你个人品牌相关的兴趣爱好或特长? 请有说明。
成功或影响力的证明	1.分享那些能够支持你个人品牌的证据，比如客户评价、行业奖项、出版物引用、媒体报道等。 2.你是否通过某种方式影响了他人或某个行业? 比如讲座、文章、咨询服务等体现你影响力的活动。
人生贵人	1.是否有人为你的个人成长提供了重要帮助?这些帮助如何影响了你对个人品牌的理解和塑造?

客户可以根据自身情况选择性填写原始素材搜集表，原始素材给得越详细，个人品牌故事的完成度自然越高。同理，我们输入给 AI 的原始素材越详细越具体，AI 生成的个人品牌故事质量也就越高。

在本节中，我们将使用焱公子的一位学员老孙提供的原始素材作为案例，老张的原始素材如下。

【个人背景信息

我叫老孙，70后，北京人。小时候特喜欢摆弄各种电子设备，高中时就能自己修理家里的电视机，这可能是我后来喜欢进行技术创业的原因吧。我毕业于北京航空航天大学，学的是电子工程。毕业后在一家国企工作了十年，刚开始觉得工作挺好的，但后来慢慢觉得没意思，特别是看到一些同学下海创业成功后，我心里也开始痒痒了。于是，我在2005年辞职，开始了自己的第一次创业，那时候我才三十岁出头。

核心价值观与个人品牌定位

我一直信奉"实干才能出真知"这句话。我觉得搞技术的人就是要脚踏实地，不能光说不练。所以我的公司，不管是过去的几次创业，还是现在开的这家高科技公司，我们都坚持做出真正有价值的产品，绝不为了追热点去做那些花里胡哨的东西。我觉得我的品牌就是"技术驱动型企业家"，专注于解决实际问题，而不是追热点。

关键经历与故事

我的第一次创业是做家用电器的智能控制系统，当时的市场反响还不错，但说实话，刚创业的几年真是挺艰难的。公司有两次都差点倒闭，主要是资金链的问题。我还记得有一年春节，我一个人在办公室加班，外面放着鞭炮，可我心里却想着下个月的工资怎么发。不过，这些经历让我认识到资金管理的重要性，也让我更加坚定了不管多难都要把产品做好。后来，2010年我卖掉了那家公司，赚了一笔钱，接着又开始了第二次创业，这次做的是物联网设备，市场需求挺大，但竞争也很激烈。再后来，我总结了前两次创业的经验教训，创立了现在这家高科技公司，主要研发工业自动化设备。

目标受众

我的产品主要是面向那些制造业的中小企业经营者，他们大多是五十岁左右的老工人出身，对技术不太了解，但特别关心产品的稳定性和性价比。所以，我在开发产品时会特别注意这些方面，尽量把操作简单化，并降低维护成本。其实，我也挺希望能吸引一些年轻的创业者来使用我的产品，他们有想法有干劲，我的设备能帮助他们提高生产效率，实现他们的创业梦想。

愿景与未来目标

我希望我的公司能够在未来五年内成为国内工业自动化领域的领导者，能够帮助更多的制造业企业提高生产效率、降低成本。我也希望能够开发一些适合出口的产品，走向国际市场。这几年我们已经在研发一套更加智能化的生产管理系统，希望未来能够引领行业的技术标准。

个性化元素

有人说我挺老派的，喜欢用以前的那套管理方式。确实，我不太喜欢追求那些新潮的管理理论，我更相信人情和诚信。公司员工大部分跟了我十几年了，我们就像一家人一样。我这个人性子直，说话有时候不中听，但大家都知道我是为了公司好，也就习惯了。业余时间我喜欢看科幻小说，尤其是刘慈欣的《三体》，总觉得科技可以改变世界，这也是我创业的动力之一吧。

成功或影响力的证明

公司这几年发展得还不错，去年我们获得了某个国家级科技创新奖，对我们团队来说是个很大的鼓励。还有一个让我印象深刻的例子是，前年我们的一台设备帮助一家濒临破产的中小企业提升了产能，最终他们不仅活了下来，还扩大了生产规模。这种成就感不是金钱能替代的，也是我继续坚持下去的动力。】

2.3.4　确定个人品牌故事写作框架结构

如果是个人故事写作，我们通常会运用"**英雄之旅**"或者"**故事七步法**"等经典框架结构，但如前所述，个人品牌故事偏重的是商业性，其内容是为商业服务的。基于此，个人品牌故事的结构不应太复杂，应以让读者迅速了解我们的商业诉求为前提，尽可能降低故事的阅读门槛。几种常用的个人品牌故事写作框架结构如下所示。

1. 起源 - 转折 - 成长结构

故事通常从你早期生活或职业生涯开始，描述最初的动机、兴趣或价值观。这部分讲述你最初是如何进入当前领域的。然后，介绍你在职业或人生道路上遇到的重大挑战或转折点，以及这些经历如何促使你做出改变并得到成长。最后，描述这些经历如何塑造了你现在的个人品牌，以及你未来的目标和愿景。

示例：你是一名普通的职员，你在某个关键时刻做出了重要决定，克服了巨大的挑战，从而重新定位了你的职业生涯和个人品牌。

2. 问题 - 解决 - 影响结构

开篇描述你所面对的一个重大问题或困境，可以是个人的、职业的，也可以是行业内普遍存在的问题。然后，详细描述你是如何找到或开发出一个解决方案的，这一过程中你采取了哪些步骤、运用了哪些技能或方法。最后，描述这个解决方案的成功带来的影响，对你自己、他人或行业产生了什么样的积极效果。

示例：你发现所在行业中普遍存在的一个痛点，然后通过创新思维和行动解决了这一问题，结果不仅提升了个人影响力，还推动了行业的发展。

3. 失败 - 学习 - 成功结构

开篇讲述一次显著的失败或挫折，这部分展示你在人生或职业中经历过的低谷期。然后，分享你从这次失败中得到的教训，以及如何将这些教训转化为成长的动力。最后，展示你在学习和成长中取得的成功经验，以及如何将这些成功经验融入你的个人品牌中。

示例：你在创业初期经历了严重失败，但通过自我反思和不断学习，最终成功逆袭，打造了一个有影响力的个人品牌。

4. 灵感与启发结构

开篇介绍你从某人、某事或某个经历中获得的灵感，这个灵感如何点燃了你内心的热情或好奇心。然后，详细描述这个灵感如何启发你采取行动，如何塑造你的思维方式或职业方向。最后，展示你如何将这一灵感融入你的个人品牌中，从而使你的品牌具备独特的灵感源头和持续的创新力。

示例：你在一次旅行中受到某位导师的启发，从而改变了职业方向，并将这种启发性经验融入你的个人品牌中，成为新领域的意见领袖。

2.3.5　使用 AI 生成个人品牌故事初稿并反复调优

我们基于 2.3.3 节老孙的原始素材，使用 ChatGPT 为他写一篇个人品牌故事。

打开 ChatGPT，将老张的原始素材粘贴进对话框，并输入如下提示词。

你是一个专业的个人品牌故事专家，非常善于根据故事主角的个性特点和经历，为其量身定制精彩的个人品牌故事。请基于【老张的原始素材】，为他写一篇个人品牌故事，具体要求如下：

1. 要注意明确的定位、突出差异性、真实而具体、目标受众导向、展示成长与变化等个人品牌故事的关键点；

2. 采用"起源 - 转折 - 成长"作为写作框架结构（可加入相应的描述和示例）；

3. 使用第一人称，一定要匹配老张本人的风格和特点；

4. 不要讲任何大道理，不要灌鸡汤，扎扎实实讲故事；

5. 请自拟一个贴切的标题；

6. 全文 2000 ~ 2500 字。

 ChatGPT 回复如下。

标题：从北京国企到技术创业路上的"三次重生"

我是老孙，一个土生土长的北京人。小时候，我就特别喜欢摆弄各种电子设备，搞得家里人有时候都嫌我太折腾。我还记得，高中的时候，家里那台老旧的电视坏了，我竟然花了两天时间把它给修好了。从那之后，我就知道，我的命好像注定要和技术打交道。

起源：从稳定的国企到动荡的创业初尝

我毕业于北京航空航天大学，学的是电子工程。那时候，进入国企是很多人梦寐以求的事情。我也不例外，刚毕业就进了一家国企，踏踏实实干了十年。

……

转折：创业的低谷与资金链的危机

创业这条路，说实话，比我想象中难多了。刚开始，公司发展还算顺利，但很快我就遇到了第一个大问题——资金链断裂。

……

成长：从物联网到工业自动化的再创业

经过几年的拼搏，公司慢慢走上了正轨。2010 年，我把公司卖掉，赚了一笔钱。很多人以为我会歇一歇，或者去享受生活，可我这个人好像闲不下来。没多久，我就开始了第二次创业。

......

再次转折：从"高科技"到"接地气"

创业多年，我明白了一个道理——不管技术多么高大上，最终还是要落地，要解决实际问题。

......

成长与变化：技术与人性的结合

虽然我在创业路上走了这么多年，但我知道，技术永远是为人服务的。

......

展望未来：技术改变世界，走向国际

展望未来，我希望我的公司能够在未来五年内成为国内工业自动化领域的领导者。我知道这条路并不好走，但只要坚持技术创新和用户需求导向，我们一定能够实现这个目标。我也希望我们能开发一些适合出口的产品，走向国际市场。

......

以上即是 ChatGPT 生成的初稿，我们可以根据初稿内容，不断让 ChatGPT 进行优化调整。比如，如果你觉得标题不够好，中间也不需要单独出现小标题，可以通过继续输入提示词进行优化。

继续输入如下提示词。

上述回答的标题略显平庸，"技术创业路上"尤其不够好，请重拟标题。同时，请去掉正文里的小标题部分，如"起源：从稳定的国企到动荡的创业初尝""转折：创业的低谷与资金链的危机"等，让故事读起来更连贯。

ChatGPT 回复如下。

标题：从国企工程师到三次创业的老者心路

我是老孙，一个土生土长的北京人。小时候，我就特别喜欢摆弄各种电子设备，搞得家里人有时候都嫌我太折腾。我还记得，高中的时候，家里那台老旧的电视坏了，我竟然花了两天时间，把它给修好了。从那之后，我就知道，我的命好像注定要和技术打交道。

我毕业于北京航空航天大学，学的是电子工程。那时候，进入国企是很多人梦寐以求的事情。我也不例外，刚毕业就进入了一家国企，踏踏实实干了十年。刚开始的几年，我觉得挺安逸，工资稳定，工作也不算累。但随着时间的推移，我内心开始感到一种莫名的空虚。眼看着一些同学下海创业，搞出了不少动静，我心里越来越不踏实。

我一直相信，技术可以改变世界。正是这种信念，支撑着我在创业路上不断前行。我喜欢看科幻小说，尤其是刘慈欣的《三体》，书里的科技幻想常常让我对未来充满希望。或许正是因为这些虚构的故事，我才更加坚定要把科技梦想变成现实。

这就是我的故事，没有大道理，也没有鸡汤，有的只是我一路走来的经历和心得。创业的路上没有捷径，只有坚持和努力。我也许不是最成功的创业者，但我知道，我的每一步都走得踏实，每一个选择都经过深思熟虑。我会继续走下去，带领我的团队，向着更高的目标迈进。

可以看到，优化后的版本读起来更加顺畅了。感兴趣的读者可以通过搜索微信公众号"焱公子"，在公众号对话框输入关键词"**AI 个人品牌故事**"获取故事稿件及相应 AI 提示词。

··· **实战演练**

从此，你将彻底告别不会写故事的烦恼。请立即按照本节演示的步骤，为你自己写一篇令人叫好的个人品牌故事吧。

···

2.4 产品：赋能产品打磨，抓牢用户心理

【本节导读】

产品是构成商业变现闭环的核心要素之一，如何打磨好一款既适合自己，又适合市场的产品，也是在打造个人 IP 之初就要面对的关键问题。AI 可以让产品打磨变得更高效、简单，使用 AI 赋能产品打磨具体可分为 3 步：**选择一款适合自己的产品；了解产品设计的核心关键点；使用 AI 完成产品细节打磨。**

我们将这 3 步提炼为一个公式：

AI 赋能产品打磨 = 选择产品 + 了解产品设计的核心关键点 + 完成产品打磨

2.4.1 选择一款适合自己的产品

选择一款适合自己的产品对于个人 IP 持有者来说至关重要。如何选择产品？结合多年自主创业和做个人 IP 的经验，焱公子认为无外乎以下三点。

其一，尽量别选市场上没有的产品。 标新立异是一件很危险的事，选择市场上没有的产品并不适合绝大多数普通创业者。因为，创业本来就是一件成本极高、周期也很长的事情。

其二，最好与自身兴趣爱好挂钩。 如果可以，尽可能让产品跟你本身的兴趣爱好挂钩，这会显著增加产品变现成功的概率。原因很简单，兴趣是最大的驱动力，能让你坚持得更久；同时，因为本身的热爱，你一定会研究得更透彻，也会更懂消费者心理，从而更容易成为行业专家。

其三，审慎评估自身资源和能力。 在考虑做什么产品时，你自身的技能、经验和资源，也是非常重要的评判依据。能够充分"借力"自身资源和能力的产品，自然是更合适

的产品，变现成功的概率也更大。

当然，如果在阅读完上述内容后，你依然不知道什么样的产品适合你，不妨将自己的信息输入给 AI，请它帮忙出主意。

以焱公子为例，假如我刚离开华为时已经有了 DeepSeek，我会向 DeepSeek 寻求帮助。

打开 DeepSeek，输入如下提示词。

> 你是一个专业的商业顾问，深谙商业模式和产品设计规则。我刚从原公司离职，打算自己创业，现在需要你根据我的具体情况，帮我推荐一些适合我做的产品，并同时给出为什么我适合做这款产品的理由。
> 我的个人情况如下：曾在知名的世界 500 强通信企业工作 10 年，做过工程师、项目经理和中层管理者；有较强的表达能力，爱好写作，文字功底很扎实；希望换个活法，做一些自由度高的、充满创意的事情。

DeepSeek 回复如下。

> 结合你的背景和优势，我将为你推荐以下几个创业方向。
> 一、科技领域知识付费（优先推荐）
> 匹配理由如下：
> 1. 10 年通信行业技术和管理经验可转化为高端培训内容，目前该领域存在专业内容缺口；
> 2. 写作和演讲能力可支撑课程开发，中层管理经历能精准把握企业培训需求；
> 3. 可打造"科技 + 管理"知识 IP，采用"订阅制专栏 + 企业定制培训 + 行业白皮书"组合模式。
> 服务模式如下：
> 1. 在得到 / 知乎开设《通信行业项目经理的思维升级课》专栏；
> 2. 开发《企业数字化转型的 22 个关键决策》视频课；
> 3. 建立工程师社群，对接企业内训。
> 二、技术管理者成长社区（差异化定位）
> 产品形态：付费订阅制社区 + 线下工作坊。
> 核心价值：解决年龄 35 岁以上技术人才转型焦虑。
> 填补市场空白：现有知识付费多面向初级程序员，缺少针对技术管理者的系统内容。
> 服务模式如下：
> 1. 通过知乎技术话题持续输出管理类长文；
> 2. 技术管理案例库 + 高管访谈视频 + 职场诊断直播；
> 3. 1999 元 / 年会员费 +9800 元 / 年的"CTO 成长营"。

三、企业创新咨询服务（高阶变现）

目标客户如下：

1. 寻求转型的传统制造企业；

2. 科技领域 A 轮后创业公司；

3. 地方政府产业升级项目。

服务模式如下：

1. 技术战略咨询（通信 / 物联网相关）；

2. 研发流程优化（复用 500 强公司调研经验）；

3. 创新团队搭建（中层管理经验迁移）。

竞争优势如下：

1. 可提供技术可行性和商业落地的双重保障；

2. 比咨询公司更灵活，比个人顾问更系统。

四、技术类内容工作室（风险最低）

服务模式如下：

1. 运营"科技 + 商业"跨界自媒体；

2. 科技类书籍出版；

3. 为企业制作技术白皮书 / 行业研究报告。

启动建议如下：

1. 注册"硬核科技说"公众号，每周 2 篇深度解析；

2. 通过前东家资源获取首批企业客户。

事实上，DeepSeek 列出的科技领域知识付费、企业创新咨询服务、技术类内容工作室等路径，就是焱公子目前在做的事情。

2.4.2 产品设计的核心关键点

在设计一款具体产品时，以下 5 个关键点不可忽视。

1. 了解市场需求。设计产品前，充分地调研市场是必不可少的动作。不必拘泥调研的方式，可以是广撒网的问卷调查，也可以针对性地找一些业内人士进行调研，甚至发朋友圈调研都可以。目的是先充分了解目标市场的需求、痛点和偏好，然后再确定产品，并制定相应的产品策略。

2. 明确产品定位。分析市场上现有的竞品，确定它们的优势和劣势，从而确定你的产品的差异化和竞争优势。

3. 验证产品可行性。 首先尝试开发一个 MVP（最小可行产品），然后将这个产品交给身边的朋友或者其他的特邀用户测试使用，并获取他们的真实反馈（用最小的金钱成本和时间成本来验证市场需求），最后通过这些特邀用户的反馈快速迭代和改进产品。

4. 确定盈利模式。 评估产品的定价策略和市场接受程度，确保产品有明确的盈利模式。比如订阅制、一次性付费、广告收入、后端升阶产品、增值服务等，确保产品的商业变现可持续性。

5. 核心卖点设计。 明确产品的核心卖点，避免为了增加功能而导致产品复杂化。初期版本应集中在最能解决用户痛点的功能上。同时，要始终把用户体验放在第一位，注重用户界面的简洁性和易用性，确保他们在使用产品时的良好体验。

2.4.3　使用 AI 完成产品细节打磨

明确了以上核心关键点后，我们就可以使用 AI 完成产品细节打磨了。接下来，我们通过使用 DeepSeek 设计虚拟产品《职场沟通课》来演示产品细节打磨过程。

打开 DeepSeek，输入如下提示词。

> 你是一个非常专业的产品设计师与知识付费专家，现在我打算针对职场新人，做一款线上课程，暂命名为《职场沟通课》。现在请你基于市场需求、产品定位、MVP（最小可行产品）、盈利模式、核心卖点，及你能想到的任何方面，帮我设计出这款产品的雏形。

DeepSeek 回复如下。

> 《职场沟通课》产品雏形设计
> 以下是《职场沟通课》的产品设计方案，产品设计方案结合了市场需求、产品定位、MVP、盈利模式和核心卖点等多个维度。
>
> 一、市场需求分析
> 1. 目标人群痛点

职场新人（0～3年）普遍存在不敢表达自己观点、跨部门协作效率低、汇报逻辑混乱、冲突处理能力弱、向上管理经验缺失等问题。

2. 竞品空白点

现有课程多集中在"话术模板"，缺乏场景化训练和底层逻辑拆解。

二、产品定位

1. 标语

从"学生思维"到"职场高手"，沟通力决定你的晋升速度。

2. 核心价值

帮助职场新人快速掌握高情商沟通技巧，解决真实职场场景中的沟通难题，降低试错成本。

3. 差异化标签

（1）场景驱动：覆盖 20 个以上高频职场沟通场景（如"被甩锅时如何反击""如何让领导主动给你升职加薪"）。

（2）文化适配：基于中国职场规则设计解决方案（如怎样解读领导"再考虑考虑"的真实意图）。

（3）工具化交付：每个知识点配套"沟通自查清单""话术避坑指南"等即学即用工具。

三、MVP（最小可行产品）设计

1. 核心内容模块

（1）基础篇：职场沟通底层逻辑。

（2）场景篇：6 大高频场景实战。

（3）工具包：常用工具包。

2. 交付形式

（1）视频课程：每节课 10～15 分钟，真人出镜＋动画演示。

（2）情景剧互动：AI 模拟对话练习。

（3）作业打卡：每周 1 次实战任务。

（4）轻量社群：每日案例拆解＋导师集中答疑。

四、盈利模式

1. 主盈利点

（1）课程订阅制

基础版：199 元／年（含核心课程＋基础工具包）。

进阶版：399 元／年（增加 AI 模拟对话、1V1 沟通诊断、专属学习群）。

（2）企业定制

为企业新人培训提供沟通力内训解决方案。

2. 延伸变现路径

（1）会员增值服务

99 元 / 次：导师一对一沟通复盘（限时特惠）。

299 元 / 人：年度职场沟通案例库（每月更新热门场景）。

（2）IP 衍生品

职场沟通手账本、高情商话术卡片（实体 / 电子版）。

五、核心卖点提炼

1. "学了就能用"的实战性

（1）课程案例来自 100 家以上企业真实访谈，拒绝理论堆砌。

（2）每节课配套"明日就能用"的行动清单。

2. "懂中国职场"的专业性

（1）导师团队包含外企 / 国企 / 互联网大厂背景的 HRD，提供多元视角。

（2）内容涵盖潜台词解读、微信沟通礼仪等本土化需求。

3. "陪伴式成长"的交付感

（1）学习路径可视化：通过"沟通力雷达图"量化成长进度。

（2）毕业时颁发企业认证的电子证书。

六、增长与运营策略

1. 冷启动阶段

（1）内容获客：在知乎 / 小红书发布《职场新人最讨厌的 10 种沟通陷阱》《领导最想开除的 3 种沟通方式》等爆款选题。

（2）种子用户共创：招募 100 名内测用户，以 5 折价格换取深度反馈，产出 UGC 案例。

2. 长期壁垒构建

（1）开发"沟通力 AI 测评"工具（免费传播），根据结果推荐课程模块。

（2）与企业合作，将课程嵌入校招新人礼包，打造 B 端口碑。

可以看出，DeepSeek 列出的每个部分已经比较完整。现在我们可以要求它基于 MVP（最小可行产品），设计一个课程大纲。

打开 DeepSeek，输入如下提示词。

现在请基于 MVP（最小可行产品），仅从"与上级沟通"这一场景，生成课程大纲，包含 8 节课。每节课一个具体的知识点。请注意：要聚焦具体场景，让用户一看大纲就能产生兴趣并立刻代入。

🐋 DeepSeek 回复如下。

以下是针对"与上级沟通"场景的 MVP 课程大纲设计，每节课均锁定职场新人最痛、最高频的具体冲突场景，确保用户看到标题就能产生"这就是我的困境"的代入感。

《高情商向上沟通：8 节课让领导主动挺你》

副标题： 从战战兢兢到游刃有余，掌握让领导"非你不可"的职场沟通法则

第 1 课：日常汇报篇

标题： 为什么你辛苦干 10 件事，领导只记住 1 件？

知识点： 金字塔汇报法——用 3 层逻辑让领导快速抓住重点。

交付价值：

- 5 分钟电梯汇报模板（附真实案例对比）；
- 避坑清单：领导最讨厌的 3 种汇报方式。

第 2 课：突发事件篇

标题： 搞砸任务时，怎么让领导不骂你还觉得你靠谱？

知识点： 危机沟通四象限——先止损再归因的保命话术。

交付价值：

- 万能话术公式："事实＋方案＋预防"三步法；
- 情景模拟：服务器崩溃、客户投诉等场景拆解。

第 3 课：争取资源篇

标题： 领导总说"再等等"，怎么让他马上批预算／加人手？

知识点： 利益捆绑法——把"我要"变成"我们都要"。

交付价值：

- 资源申请话术模板（含邮件＆当面沟通双版本）；
- 3 个让领导无法拒绝的"价值包装术"。

第 4 课：应对批评篇

标题： 领导当众骂你蠢，如何体面回应还能扭转印象？

知识点： 情绪隔离术——用"三明治回应"化解尴尬。

交付价值：

- 高段位承认错误话术："承认＋转移＋行动"；
- 禁忌清单：绝对不能说的 4 种辩解话术。

第 5 课：升职加薪篇

标题： 领导说"下次有机会"，怎么让他现在给你涨工资？

知识点： 价值锚定法——用数据和领导的谈判策略。

交付价值：

- 薪资谈判剧本（含领导 8 种推脱话的反击方案）；
- 调岗的隐藏用法：如何让领导主动留你。

第 6 课：反向管理篇

标题： 领导朝令夕改，如何让他听你的建议还不丢面子？

知识点： 3 步反向管理法——用"选择题"操控决策。

交付价值：

- 领导决策引导话术库（附微信沟通示例）；
- 如何用"反向画饼"让领导主动找你商量。

第 7 课：微信沟通篇

标题： 半夜收到领导 60 秒语音，怎么回才不吃亏？

知识点： 微信社交规则——从标点符号到表情的求生指南。

交付价值：

- 不同性格领导的微信沟通适配表（老虎型 / 考拉型等）；
- 高情商回复模板：催进度、推任务、反 PUA 话术。

第 8 课：长期关系篇

标题： 怎么让领导把你当"自己人"还不怕被当枪使？

知识点： 安全距离法则——用"阶段性共情"绑定利益。

交付价值：

- 吃饭 / 朋友圈互动三大雷区清单；
- 建立信任的 3 个心机动作。

课程包装技巧

1. **标题痛点强化：** 直接引用职场新人真实原话，例如第 4 课副标可加"学员案例：被骂'不懂事'后我用这招让领导对我改观"。
2. **即时获得感：** 每节课标题后标注工具数量，如"附 3 个保命模板""含话术清单＋案例库"。
3. **反常识设计：** 在知识点中植入冲突性概念，如"反向管理领导"。

　　基于同样思路，自然可以要求 DeepSeek 把每一部分的课纲都生成出来，然后再进行针对性优化，由于操作思路完全一致，此处就不再赘述。

　　如果这只是一个初阶产品，我们想要 DeepSeek 辅助设计一个完整的初－中－高级产品体系，可以继续向 DeepSeek 寻求帮助。

打开 DeepSeek，继续输入如下提示词。

我想把上述的《职场沟通课》作为一个初阶产品，定价在 199 ~ 299 元。之后，我还想承接一个中阶和一个高阶产品，定价分别在四位数和五位数。请你帮我设计这一产品体系，需要清晰列出产品卖点、用户画像、交付形式等信息。请务必注意三个阶段课程的区别与关联。

 DeepSeek 回复如下。

以下是针对职场沟通课程的三阶段产品体系设计，通过价格锚点、用户分层、交付深度的差异化，构建阶梯式价值体系，并形成用户成长路径。

一、产品体系总览

维度	初阶产品	中阶产品	高阶产品
定价	199 ~ 299 元	2980 ~ 5980 元	19800 ~ 59800 元
核心定位	生存：解决具体问题	发展：系统能力升级	突破：构建战略影响力
用户 LTV	引流品（转化率 >30%）	利润品（毛利 >60%）	战略品（绑定企业 / 高净值用户）
产品关系	单点技能工具包	能力模型搭建	资源生态整合

二、初阶产品：职场沟通急救包（199 ~ 299 元）

1. 用户画像

0 ~ 3 年职场新人，月薪 5k ~ 8k，急需解决具体沟通困境。

2. 核心卖点

（1）场景颗粒度细：覆盖"微信回复领导""周报怎么写"等 20+ 具象场景。

（2）工具即插即用：每节课配套话术模板 / 自查清单，学完立刻能用。

（3）学习成本低：15 分钟 / 节课，可利用通勤碎片时间学习。

3. 交付形式

（1）30 节短视频课（含 AI 情景模拟）。

（2）职场黑话词典 / 话术模板库（PDF+Excel）。

（3）每周 2 次群内案例答疑（文字 + 语音）。

三、中阶产品：沟通力加速营（2980-5980 元）

1. 用户画像

3 ~ 5 年职场骨干，月薪 15k ~ 30k，需突破晋升瓶颈。

2. 核心卖点

（1）系统建模：PDP 沟通风格测评 + 定制化能力提升方案。

（2）实战沙盘：真实企业案例推演（如：如何推动高管支持新项目）。

（3）资源加持：结业颁发认证证书。

3. 交付形式

（1）6 周训练营（含 4 次直播实战课）。

（2）企业沙盘模拟：分组解决真实企业委托的沟通难题。

（3）1V1 导师沟通模式拆解（2 次 / 人，含视频录制分析）。

四、高阶产品：战略沟通私董会（19800 ～ 59800 元）

1. 用户画像

企业高管 / 创业者 / 年薪 80 万 + 专业人士

2. 核心卖点

（1）战略杠杆：用沟通技术撬动融资 / 并购 / 政商合作等重大资源。

（2）圈层特权：进入企业经营者沟通圈，获取行业内部信息差。

（3）定制服务：个人 IP 打造顾问团（含媒体 / 公关 / 危机处理专家）。

3. 交付形式

（1）年度私董会席位（每月 1 次闭门研讨，主题如《IPO 路演话术设计》）。

（2）战略沟通陪跑：关键节点（融资 / 谈判）前 72 小时话术剧本定制。

（3）企业定制内训：专属沟通工作坊。

可以看出，DeepSeek 是按照 3 种不同层次的人群，来做的产品体系设计。如果现在我们要求 3 个阶段课程服务的是同一人群，可以继续向 DeepSeek 提问。

打开 DeepSeek，输入如下提示词。

你现在设计的产品体系服务了 3 种不同层次的人群，我希望我们整个产品体系是围绕同一层次的人群来做设计。考虑到职场新人付费能力有限，可以把核心目标人群锁定为职场中高层管理者。

DeepSeek 回复部分不再赘述，感兴趣的读者可以根据自身需求进行多轮探索尝试。

搜索微信公众号"焱公子"，在公众号对话框输入关键词"**AI 产品**"获取本节 AI 提示词。

··· **实战演练**

请仿照如上步骤，使用 AI 打磨一款名为"阿妹鲜花饼"的鲜花饼产品，并为其设计出一套产品体系。

···

2.5　变现：妙用 AI 分析，落地最适合你的变现方案

【本节导读】

个人 IP 持有者最核心的诉求，毫无疑问是变现。但变现是最终结果，为了能达到这一最终结果，梳理出清晰的变现模式，找到最合适自己的变现思路并落地，才是更需要认真考量的事情。借助 AI，这个原本复杂的过程可以得到有效缩短，帮助我们更快地找到自己的变现思路。使用 AI 获取变现思路具体可分为 3 步：**了解如何系统构建变现思维；搭建清晰明确的变现路径；使用 AI 辅助落地变现方案。**

我们将这 3 步提炼为一个公式：

AI 落地变现思路 = 构建变现思维 + 搭建变现路径 + 落地变现方案

2.5.1　系统构建商业变现思维

一个创业者或者个人 IP 持有者如何一步步系统构建商业变现思维？可以尝试遵循以下步骤。

1. 明确定位。明确你想吸引的受众是谁，了解他们的痛点和需求，同时思考你能为这些受众提供什么独特的价值，为什么他们会选择你而非其他人，这是个人 IP 的核心。2.1 节和 2.2 节分别就人设、简介展开了充分论述，事实上，这就是个人 IP 定位的两个核心要素。

2. 写一个能代表你的品牌故事。首先讲述你的个人成长历程、专业经验、独特的视角或生活理念。然后将这些元素打造成一个有感染力的品牌故事，并围绕这个品牌故事设计多样化的内容类型，如公众号长文、朋友圈连载、短视频、直播等。最后，维持稳定的内容发布节奏，从而持续增加曝光和影响力。

3. 持续输出高质量的免费内容。内容是和陌生人建立信任最好的方式。通过持续分享免费的、有价值的内容，会让受众觉得你是一个值得关注且非常专业的人。

4. 探索并设计适合自己的变现模式。 就个人 IP 持有者来说，可以从三个方向设计自己的变现模式：卖货、卖知识、卖内容。卖货，即大部分传统行业和做电商的朋友主要的变现方式，这往往需要有成熟的产品和供应链；卖知识，也即知识付费，IP 可以依靠售卖自己的认知经验、专业技能来变现，这种模式运营成本低，但对媒介平台的依赖会比卖货高很多；卖内容，即自媒体主流的变现方式，通过输出匹配人设的内容，持续不断圈粉，再通过接广告、开直播、使用自己的流量帮别人带货等方式来变现。对于刚入门的普通人，我们不太推荐卖内容这一商业模式。因为做内容，尤其是持续做出好内容的门槛非常高，并不是随随便便就能写好、写爆的，同时，接的广告、带的货品会在什么时候找上门来，也完全不可预知。

5. 数据驱动决策。 个人 IP 持有者必须对数据非常敏感，要时刻关注粉丝增长、互动率、私域转化率等关键指标，从而了解当前的内容策略是否有效。同时，根据数据反馈持续优化内容策略和商业路径，这样才能找到最适合的变现方式。

2.5.2 搭建清晰明确的变现路径

一旦明确了变现方向，接下来的关键动作便是搭建清晰的变现路径了。这和三个要素密切相关：**一是产品打磨，二是个人 IP 持有者自身的特质，三是产品营销。** 产品打磨已经在 2.4 节重点讲述，产品营销将在后续章节展开讲述，此处重点讲述基于个人 IP 持有者自身特质的变现路径设计。

所谓个人 IP 持有者自身的特质，即一个人的个性、擅长的风格及在镜头前的表现力。比如，如果性格外向、亲和力强，跟任何人都能侃侃而谈从不怯场，那么便可以围绕直播来做商业变现路径搭建。反之，如果写作能力很强，却怯于当众表达，可以围绕图文、短视频自媒体来做商业变现路径搭建。所以，对于个人 IP 持有者而言，商业变现路径是因人而异的，目前比较顺畅的变现路径主要是以下 3 种。

第一种：直播＋私域成交。 通过直播提高影响力，通过私域维持用户黏性，从而成交高客单。这种方式比较适合镜头表现力强，且有团队的个人 IP 持有者。

第二种：短视频＋私域成交。 通过在短视频输出价值观吸引三观一致的受众，并将受众引导到私域后完成成交。这种方式比较适合内容力较强、有观点、有态度的个人 IP 持有者。

第三种：朋友圈＋社群＋私聊。 通过在朋友圈持续种草和在社群持续发布打折优惠信息，最后通过私聊完成成交。这种方式比较适合私域积累已经很强的个人 IP 持有者。

当然，基于这三种还可以衍生出许多种"混搭"模式的变现路径，比如直播＋短视频＋私域，或者短视频＋公众号＋私域。具体选择哪一种，需要根据个人 IP 持有者的情况具体分析。

2.5.3 使用 AI 辅助落地变现方案

明确了变现方向与变现路径就可以引入 AI，使用 AI 将具体的变现方案细化落地。下面以焱公子的学员营养师小洋为例演示如何通过 DeepSeek 完成变现方案的落地，小洋的基本情况如下（简称【小洋的基本情况】）。

【小洋是一个 30 岁出头的宝妈，是一位拥有国家注册营养师证书的营养师，拥有非常丰富的营养学知识，性格外向开朗，她在她的小区附近开了一家简餐馆，但生意不太好。现在她希望通过公域引流＋私域变现的组合方式打造自己的个人 IP，从而打开新的变现渠道。】

打开 DeepSeek，输入如下提示词。

【】是营养师小洋的基本情况。你是一个非常专业的商业顾问，深谙商业模式和产品营销。现在请你帮她设计一套线上变现思路。她希望通过公域引流＋私域变现的方式打开新的变现渠道，你需要根据她自身的特质、产品特点、人群特点和变现路径的选择等，给出专业且详细的思路建议。要确保每一个细节都能落地，让她看完就能立刻实施起来。

🐝 DeepSeek 回复

为营养师小洋设计的公域引流和私域变现全链路方案如下，共分为五大模块，每个模块均可直接落地执行。

一、精准定位人群与强化 IP 人设

1. 核心人群

（1）宝妈（孩子饮食管理 + 自身健康需求）。

（2）都市白领（工作餐选择困难 + 身材焦虑）。

（3）健身人群（增肌减脂精准营养需求）。

（4）慢性病患者（三高、糖尿病等需饮食干预人群）。

2. 人设公式

（1）定位："营养师小洋" = 小区楼下懂营养的宝妈饭堂老板。

（2）记忆点：每期视频固定台词以加深粉丝记忆。

（3）信任背书：简介中突出"国家注册营养师证书编号 + 实体店地址"。

二、公域引流三板斧（低成本高转化）

1. 短视频博主爆款选题

（1）《孩子挑食？跟我做 5 道隐形营养菜》

（2）《打工人一周备餐攻略》

（3）《餐馆老板揭秘：沙拉里最脏的 3 种菜》

2. 直播间留人话术设计

（1）前 30 分钟：用电子秤现场演示"外卖麻辣烫如何选到 500 大卡套餐"。

（2）中场转化：推 9.9 元秒杀券（满 39 可用，核销需加微信发电子券）。

（3）终极"钩子"：抽奖送《儿童营养餐手册》（领奖需填写小区地址和孩子年龄）。

3. 同城流量截获

（1）抖音 POI 功能：发布菜品视频时绑定餐馆位置，置顶评论"到店报暗号'小洋粉丝'送南瓜羹"。

（2）美团外卖人设化：在外卖平台菜单栏增加"营养师推荐"专栏，餐品命名带功能标签如"加班不胖套餐：杂粮饭 + 去皮鸡腿 + 西蓝花（总热量 487 kcal）"。

三、私域流量池精细化运营

1. 分层社群体系

社群类型	入群门槛	运营动作	转化路径
快闪群	扫码即入	每日早 7 点发"今日餐馆特供菜谱"	3 天后引导入会员群
会员群	消费满 3 次	每周三营养师答疑 + 周四拼团日	推送 399 元季度定制食谱
VIP 群	年消费超 5000	每月 1 次私厨家宴（限 8 人）	转化 8888 元年度健康托管

2. 朋友圈内容模板

（1）7:30：实拍餐馆进货视频"今早到的有机胡萝卜，β-胡萝卜素是普通胡萝卜的 3 倍"。

（2）12:00：客户真实反馈截图 + 文字"李姐说控糖餐让空腹血糖从 7.8 降到 6.1"。

（3）19:00：发九宫格对比图"宝妈会员3个月腰围变化实录"。

注：内容必须真实，且经过客户本人授权。

3．1v1沟通SOP

（1）新好友24小时内：发送语音"我是小洋，送你份《外卖点餐避坑指南》"（PDF带餐馆二维码）。

（2）客户咨询话术

痛点挖掘："您平时给孩子做饭最头疼什么？"。

场景植入："我们有个会员妈妈群，每天交流10分钟快手营养餐。"。

四、变现产品矩阵设计

1．引流款（流量产品）

（1）9.9元营养测评。

（2）19.9元体验餐。

2．利润款（订阅制餐食）

（1）299元/周"月子餐"。

（2）499元/月"中考营养餐计划"。

3．标杆款（提升品牌势能）

（1）企业健康管家：1988元/年，含季度体检报告解读和专属餐食配方。

（2）营养师学徒计划：6980元营养师学徒课程，结业颁发实体证书（需食药监备案）。

有了整体的变现思路，我们可以要求DeepSeek对每一个板块做逐一细化，比如可以让它生成一系列短视频选题。

打开DeepSeek，输入如下提示词。

现在请基于"打工人一周备餐攻略"这一大选题方向，帮我细化出10个小选题，以便后续用于制作短视频。请注意选题应该具体、充满场景感，且能第一时间切中打工人的痛点。

💎 DeepSeek回复如下。

以下是10个直击打工人痛点的短视频选题：

1．**《打工人的尊严之战：如何让隔夜菜不发臭》**

痛点：带饭到公司微波炉加热被同事嫌弃。

内容：西兰花密封的对比实验。

核心要素："上周小王被投诉的饭盒，长这样…"

……

10.《打工人の复仇计划：让外卖小哥失业的备餐包》
痛点： 受够外卖配送慢
内容： 备餐包的准备过程。
核心要素： "比最快的外卖员早 15 分钟吃上饭"

执行建议：

1. 封面统一格式：黄底黑字"打工人周备餐第 X 弹"和小洋举锅铲半身照。
2. 发布时间：每周日 18:00（打工人开始焦虑下周饮食时）。
3. 转化路径：视频结尾闪现实体店定位。
4. 数据埋点：在描述区设置投票"你能坚持备餐几天？"提升互动率。

此外，还可以让它生成一个直播内容框架，以方便后续做直播时填充内容。

打开 DeepSeek，输入如下提示词。

请结合直播平台特点，基于"做饭 + 营养知识分享"这样一个选题，为我生成一个直播内容框架。预计每天直播 2 个小时，这个框架需要把这 2 个小时做合理划分，将做饭、营养知识分享、引导关注、销售转化等环节无缝融合，且要尽可能让直播间的观众停留时间更久。

☝ DeepSeek 回复如下。

基于抖音、视频号等直播平台特性，为"做饭 + 营养知识分享"设计"三段式螺旋转化"直播框架。

直播总时长：120 分钟→拆解为"3 幕剧"结构

第一幕：黄金前 30 分钟
目标： 用强互动和视觉冲击留住新进观众。
环节设计

1. **0 ~ 5 分钟：厨房事故现场（反向刺激）**
• 镜头对准烧焦的锅："姐妹们！这就是没按我的营养比例做饭的下场！"。
• 快速制作正确版本对比："看这个改良版茄汁大虾，少油还能脆皮！"。
• 行动指令："新进来的'宝子'扣 1，教你 3 招不糊锅秘诀！"。
2. **6 ~ 15 分钟：今日营养杀手（悬念教学）**
• 举起常见食材（如土豆）："减脂期吃土豆 = 慢性自杀？"
• 当场做实验：实验验证食物的正确做法。

3. **16～30分钟：饥饿场景制造（关联产品）**
- 慢镜头拍摄食物特写（嗞嗞作响的鸡腿肉）。
- 话术模板："现在点击右下角'想吃'的人超过50个，马上拆解这个低卡脆皮技巧！"。

第二幕：中场60分钟
目标： 用知识切片提高停留时长，筛选高意向用户。
环节设计
1. **31～50分钟：营养师的作弊时间（场景化教学）**
- 制作"打工人急救餐"核心知识点。
- 停留"钩子"："完整食谱在2号链接，但先完成挑战！"。
2. **51～70分钟：实验室级道具互动（强人设塑造）**
- 使用专业设备制造仪式感。
- 转化铺垫："这些检测工具在会员群免费借用，想进的打'健康'"。
3. **71～90分钟：客户证言突击（信任强化）**
- 突然连麦老客户："让上周瘦了5斤的小姐姐现身说法！"
- 引导展示：个人瘦身记录及使用产品。
- 稀缺营造："她用的299元套餐还剩最后8份库存！"

第三幕：终场30分钟
目标： 利用从众心理和紧迫感促成即时转化
环节设计
1. **91～105分钟：挑战游戏**
- 发起"饮食"挑战游戏。
2. **106～115分钟：沉浸式吃播**
- 慢动作咀嚼特写+ASMR收音（脆皮咔嚓声）。
3. **116～120分钟：裂变冲刺**
- 开启直播间倒计时："最后3分钟！所有下单的送神秘礼盒"。
- 突袭福利："现在分享直播间到闺蜜群，截图领xx"。
- 预告："明天教你们用办公室打印机做营养标签！"。

这样就生成了一个直播内容框架，读者也可以使用AI生成引导粉丝添加主播微信的话术模板。

打开DeepSeek，输入如下提示词。

请设计一段引导粉丝添加主播微信的话术模板，目的是让他们认识营养师小洋是谁，并愿意加入她的福利社群，以便为后续转化他们做准备。

DeepSeek 回复如下。

以下是一套分层递进、高转化率的引导粉丝添加主播微信的话术模板。

第一步：添加后30秒自动推送（文字＋图片）

【小洋营养站】自动问候

你好，我是小洋，您小区楼下那个"带着娃做营养餐"的餐馆老板娘，也是国家注册营养师（证书编号：XXXXXX）。

添加我的姐妹都能获得：

（1）《外卖点餐红黑榜》外卖电子手册；

（2）每周三场"1元秒杀"健康餐资格。

注意：最近在清理低互动粉丝，请回复【餐盘】确认领取福利。

第二步：用户回复关键词后推送（图文＋视频）

（用户回复"餐盘"后触发）

【小洋营养站】专属福利解锁成功！

（发送30秒人设视频：小洋穿厨师服逗娃＋检测食材＋餐馆后厨实拍）

作为5年营养师+2岁宝妈，我做了三件事：

（1）把专业营养知识变成"傻瓜公式"；

（2）在XX小区门口开家能吃出马甲线的餐馆；

（3）给300多位宝妈定制"孩子抢着吃的营养餐"。

现在邀请您进【小洋の宝妈饭友群】，您可以享受：

（1）每日更新"10分钟快手带饭食谱"；

（2）周三中午12点"霸王餐"拼手速；

（3）优先试用新研发的儿童营养点心。

扫码进群（发送社群二维码，背景图带"前30名送分装盒"）。

第三步：未入群用户2小时后推送（话术＋利益刺激）

（针对未扫码用户推送）

【小洋特别提醒】您有份待领取权益！

在群里＠小洋就能：

（1）查孩子身高是否达标→发送"年龄＋身高"；

（2）测外卖餐热量→发食物图；

（3）领餐馆"暗号菜"→今晚有限定南瓜羹。

如此逐一细化每一个环节，就可以得到一整套从公域到私域的变现落地方案。由于篇幅原因，我们不再往下做更多演示，感兴趣的读者可以继续做更多尝试。

搜索微信公众号"焱公子"，在公众号对话框输入关键词"**AI 变现**"获取本节所有AI 提示词。

··· **实战演练** ────────────────────────────────

请按照如上步骤，为你的项目或打算做的事情，设计一套完整的变现方案吧。

── ···

传播与营销

第 3 章

AI 促进公域推广

3.1 拆解爆款内容：突破圈层的爆款内容核心逻辑，原来是这样

【本节导读】

做出爆款内容是每一个做公域的人都期望看到的事情，1 条爆款内容带来的涨粉、影响力扩散和长尾效应甚至比 100 条普通内容加起来都要多。但做爆款内容并非易事，尤其是从 0 到 1 做出爆款内容，往往需要长时间的打磨。所以在准备打磨爆款内容前，要先学会拆解同行的爆款内容，明了其会成为爆款内容的原因。借助 AI 可以大幅降低拆解爆款内容的技术门槛，让没有做内容经验的新手也能轻松拆解爆款内容。使用 AI 拆解爆款内容具体可分为 3 步：**了解如何高效搜集爆款内容；明确拆解爆款内容的 5 大维度；使用 AI 拆解爆款内容。**

我们将这 3 步提炼为一个公式：

AI 拆解爆款内容 = 搜集爆款内容 + 明确拆解维度 + 拆解爆款内容

3.1.1 高效搜集爆款内容

高效搜集爆款内容主要有以下 4 种方式。

1. 站内搜索关键词。比如你想了解抖音、视频号里跟"AI 生成视频"相关的内容，可以直接在这两个平台搜索"AI 视频""AI 短片"等关键词，然后选择播放次数多、点赞多的内容进行查阅。这种方式中的关键词的选择非常重要，越具体、针对性越强的关键词，获得的结果越匹配。比如你实际想要了解的是"如何制作 AI 视频"，那就应该输入"AI 视频制作教学"，甚至加上具体工具的名字，而非简单地搜"AI 视频"。

2. 通过热门话题搜索。以抖音为例，假如你想了解"黑神话悟空"相关爆款内容，直接在抖音搜索话题"黑神话悟空"，就能看到下图所示的相关话题。

点击排在最上面播放量最高的话题进入，就能看到相关的爆款短视频（仅作展示，具体数据可能存在波动）。

3. 查看对标账号。 假如你已经有特别喜欢的对标账号，可直接进入其主页寻找爆款内容。以抖音某位千万粉丝的博主为例，如果我们想要搜索他账号下的爆款内容，就可以进入他主页，然后在作品处的下拉标签中选择"最热"。这样他所有发过的作品，就会按照播放量由高到低进行展示。

4. 通过第三方工具平台搜索。 比如即时热榜、易撰、5118 大数据等，这些第三方工具平台往往都集成了多平台爆款内容数据，可以很方便地通过一个关键词查看相关爆款内容。

3.1.2 拆解爆款内容的 5 大维度

拆解爆款内容的核心在于精准把握爆款内容背后的"人性"和"需求"，这正是爆款内容能够广泛引起共鸣的关键所在。我们可以从选题选择、热点匹配、结构设计、语言风格、标题封面等 5 个维度进行深入拆解爆款内容，系统理解爆款内容之所以会"爆"的逻辑，进而为自己的创作提供可行的思路和方向。

1. 选题选择。 1 条内容能成为爆款内容，选题的因素至少占了一半。爆款内容的选题通常是用户非常感兴趣的话题，它满足了某一特定受众的强烈需求或痛点。所以，拆解爆款内容往往需要分析这个爆款内容的受众是谁，他们的需求或痛点是什么，内容与受众需求或痛点的契合点是什么。

2. 热点匹配。 内容如果能跟当前的社会热点事件、流行文化、主流价值观紧密相关，爆款的可能性也会更大。所以，拆解爆款内容时，需要注意这条爆款内容是否蹭了热点，如何蹭的热点，以及热点与内容的契合度。

3. 结构设计。 爆款内容往往具有清晰的逻辑和层次感。要着重分析其如何引入主题、展开论述、总结观点，以及每一部分之间如何衔接、如何引导观众继续阅读或观看。同时，对于短视频来说，要注意"黄金 3 秒"原则，即视频开头 3 秒能否抓取受众的注意力，它将是决定受众是否继续观看的关键。

4. 语言风格。 语言是否生动、有趣，能否让观众有代入感？很多爆款内容之所以能够打动人心，是因为它们使用了非常接地气或者幽默的语言风格。

5. 标题封面。 无论对于图文还是短视频而言，标题和封面都起到了极其关键的作用。它们就像一家店的门面，路过的消费者要不要走进去，看一眼门面的功夫就已经做出了决定。所以，好的标题一定要包含足够的信息量或者悬念，才能吸引用户的点击；而封面设计则要符合用户审美或者在视觉上能够立刻传递出吸引人的信息。

3.1.3 使用 AI 拆解爆款内容

下面，我们以焱公子的一名学员——温张敏的爆款短视频为例，演示如何使用 ChatGPT 拆解爆款内容。温张敏是一位素人作者，之前的作品数据量都不高，在焱公子和水青衣的指导下，她凭借一条爆款短视频——《一个不服输女孩的十年》在视频号获得了人生第一个 10W+，涨粉过千。

该作品标题和正文如下（内容存在少量修改）。

标题：《一个不服输女孩的 10 年》

视频文案如下（简称【温张敏的文案】）。

【你有没有过突然崩溃大哭的时候？

当得知家里负上巨额负债，我懵了，我该怎么办？

我出生在温州县城的一个小乡村，保送到重点高中后，不料高考失利，差一本线 20 分。

爸妈咬着牙，顶着经济压力给我选择独立院校，一年学费 2 万多。

不久，父亲的创业遇到了资金链问题，负债了 300 多万。

我默默对自己说，别怂，挺住！

我努力学习，拿到专业第一名的奖学金来补贴家里，可依旧是杯水车薪。

我在课余时间，找遍各种兼职，甚至一天同时做两份兼职。

为了省钱，中午都舍不得在外面吃饭，常常饿到晚上，两餐并一餐吃。

大三时，我提前修完四年课程，就想早点工作，为家里还债，可面试却屡屡被拒。

我的第一份工作，每天上下班要两个小时，工资只有2000元。

到第9个月终于转正，可经理说不加工资。

家庭巨额负债，微薄的工资，没有前途的工作。

我问自己，难道这一生真的就只能这样了吗？

不，我不甘心！

我对自己说，别怂，挺住！

我开始各种尝试，去开宠物亲子装淘宝店，参加学习，提升自己。

2016年，我成为一家公司线上兼职的社群运营，有了几千块钱的副业收入。

2017年，我从公司辞职，开始了全职远程线上工作，收入直线上升。

不仅帮家里还了50万的负债，还承担弟弟的高中学费，被朋友戏称"伏地魔"。

2020年特殊时期，线上业务收缩，我被降薪。

我被迫辞职创业。没有经验，没有营销思维，每一步都走得小心翼翼，十分艰难。

幸好合伙人说："我支持你，没赚到100万之前不用跟我分钱。"

这份温暖给了我底气，我告诉我自己一定要做出成绩！

我开始从0到1摸索着研发课程，连续熬了三个多月，每晚都是伴着月光备课，不断迭代，最终，我收获了100多人的支持。

越来越多的伙伴肯定我的服务交付，称赞我。

如果你问我，面对巨额负债，除了崩溃大哭还能怎么办？

我想告诉你，别怂，挺住！

成年人的世界，平坦不是最佳的道路，起伏才能走出岁月静好的人生。

有些笑容的背后，是咬紧牙关的灵魂。

生活有时会很残酷，但你一定要有走出困境的勇气，你要告诉自己不能输。

挺住，才有逆风翻盘，才有后面的一切！】

打开 ChatGPT，输入如下提示词。

【温张敏的文案】是温张敏的第一条爆款短视频的文案，她凭借这条短视频成功破圈。
你是一个非常专业的新媒体编辑，现在请从选题、结构、语言风格、标题，以及你能想到的更多维度，帮我细致拆解以上文案，并透彻分析这条短视频之所以会成为爆款短视频的核心原因。

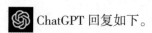 ChatGPT 回复如下。

温张敏的这条短视频之所以能够成为爆款短视频，是因为其文案具有强烈的共鸣点和动人的故事情节。以下从多个维度对这条爆款短视频的文案进行拆解，深入分析它成为爆款短视频的核心原因。
1. 选题与定位
• **普遍性与共鸣性**：视频选题围绕"家庭负债"和"个人奋斗"的主题，既具有广泛的普适性，又深刻反映了年轻人尤其是"90 后"和"00 后"在面对经济压力和生活困境时的真实心理。这种情境设定能够让大多数观众产生强烈的情感共鸣。
• **生活中的巨大挑战**：视频通过描述一个女孩在巨额债务时的奋斗，抓住了观众对于"逆境中奋斗"的情感需求。它传递了"即使身处困境，也不放弃"这一强有力的信念，这种话题在现代社会尤其受到年轻观众的关注和喜爱。
• **目标受众精准**：这条视频显然对经济压力、个人成长、职场打拼等有共鸣的群体产生了强大的吸引力，特别是年轻人和职场新人。它在情感上与受众达成了高度共鸣，符合当前互联网社会中自我提升和逆袭的文化趋势。
2. 标题的吸引力
• **简洁有力，直接传达核心信息**：《一个不服输女孩的 10 年》标题虽然简单，但却已经精准地传达了视频的主题。"不服输"一词直击观众心理，展现了主角在面临巨大压力时的不屈不挠，这种强烈的抗争精神能够激发观众的情感反应。
• **增加悬念与吸引力**：标题的"10 年"给人一种时间跨度和奋斗的厚重感，暗示了这个过程中的艰辛与成长。而且，标题中的"女孩"这一角色设定，也能激发一些观众的好奇心，想要看到这位"女孩"如何突破困境，最终迎来成功。
3. 内容结构与叙事逻辑
• **情节起伏与反转**：视频通过"巨额负债"和"微薄工资"的描写，呈现了从低谷到高潮的反转，巧妙地建立起了情节的张力。观众能感受到主角从无望到有希望的转变，这种情节的跌宕起伏，容易引发观众的情感共鸣。

- **个人成长与突破的脉络清晰**：故事按照时间顺序展开，从父亲负债、自己学费压力到兼职、求职困难，再到辞职创业等关键节点，每一步都清晰呈现出主人公成长的历程。这样的叙事结构让观众能够深入了解主人公的内心变化与成长过程。
- **情感和励志元素的完美融合**：视频的结尾通过"别怂，挺住"这一口号，再次加强了视频的励志氛围，强调了逆境中坚持的重要性。通过对主角心路历程的展现，最终传递了一个积极向上的信息——"不屈不挠地面对困境，最终会获得成功"。

4. **互动与共鸣引导**

- **呼吁观众自我反思**：视频结尾不仅在诉说主人公的坚持和奋斗，也通过"成年人世界，平坦不是最佳的道路，起伏才能走出岁月静好的人生"这一句深刻的反思，引导观众对自身生活进行反思。这种自我反思的引导，可以激发观众分享自己的经历或留言互动，增加视频的传播力。
- **推动情感共鸣**：通过分享生活中真实的困境和奋斗的过程，推动观众产生情感共鸣。特别是在如今的经济环境下，许多人正面临类似的压力，视频中的主人公形象几乎代表了他们的生活经历，这种强烈的代入感大大提升了视频的吸引力。

5. **传播机制与平台适应**

- **强大的情感驱动力**：这种励志且情感丰富的内容，特别适合在短视频平台上传播，因为它能够在短时间内抓住观众的情感点，并激发观众的互动和分享欲望。观众容易被内容打动，在评论区分享自己的类似经历或鼓励他人，从而进一步推动视频的传播。
- **精准的目标受众定位**：视频的内容面向年轻人、职场新人以及正在面临困境的群体。这些受众往往对于"逆境逆袭"的故事充满兴趣，因此能够精准地获得他们的关注并引发讨论。

可以看到，ChatGPT 对这条爆款短视频的文案进行了深入且全面的拆解，我们也可以根据这些拆解细项去创作自己的爆款内容。下一节，我们将基于此继续演示如何仿写爆款内容。

搜索微信公众号"焱公子"，在公众号对话框输入关键词"**AI 拆解**"获取本节 AI 提示词。

··· **实战演练** ───────────────────────────────────────

请挑选一条你喜欢的爆款内容，按照上述步骤，试着拆解它成为爆款内容的原因吧。

── ···

3.2 仿写爆款内容：从模仿到超越，你需要按照这 5 步走

【 本节导读 】

仿写是每一个新手创作的必经之路，它能让你快速上手，也更容易让你看到成效，从而进一步增强创作的自信与动力。而 AI 本身就是由大量数据训练出来的，更是精于仿写。使用 AI 仿写爆款内容具体可分为 3 步：**提取仿写内容；明确仿写限定；使用 AI 生成仿写内容。**我们将这 3 步提炼为一个公式：

AI 仿写爆款 = 提取仿写内容 + 明确仿写限定 + 生成仿写内容

3.2.1 提取仿写内容

3.1 节中介绍了如何高效搜集爆款内容，那当找到这样的内容后，如何快速把它们提取出来？如果是文字内容，直接复制即可，但如果是短视频内容，比如抖音上看到的爆款视频，逐字抄录的效率就太低了。此时，可以借助 AI 来自动提取爆款视频里的文案。

此处，选用"扣子"来完成这一工作。"扣子"是一个智能体开发平台，用于实现各类智能体的定制需求。你既可以自己定制一个智能体，也可以选用别人已经开发好并公开发布的智能体，本节我们直接采用别人开发好的智能体。打开扣子主页，点击"商店"按钮，输入**抖音文案提取**。

选择一个智能体并点击进入，将想要提取文案的抖音链接发送给该智能体。稍等片刻，它就能快速将抖音链接里的文案提取出来（为展示提取效果，文案未润色）。

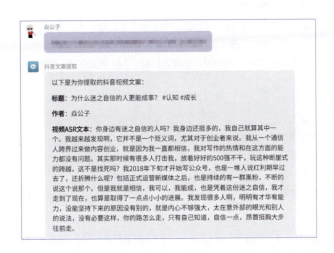

可以看到，文案的提取效率是非常高的。借助这样一个 AI 助手，可以帮我们节省大量获取短视频文案的时间成本。

3.2.2　明确仿写限定

所谓仿写限定，即你希望 AI 帮你仿写哪方面，不希望 AI 仿写哪方面。先看一个例子，假如我们不做任何限定，只是要求 AI 做仿写，会是什么效果？

依然以 3.1 节中温张敏的爆款短视频《一个不服输女孩的 10 年》的文案为例。

打开 ChatGPT，输入如下提示词。

> 你是一个非常专业的新媒体文案创作者，请帮我仿写下面这条内容——
> 【你有没有过突然崩溃大哭的时候？
> 当得知家里负上巨额负债，我懵了，我该怎么办？
> ……
> 生活有时会很残酷，但你一定要有走出困境的勇气，你要告诉自己不能输。
> 挺住，才有逆风翻盘，才有后面的一切！】

ChatGPT 回复如下。

你是否有过，突然崩溃大哭的时候？
当你得知家里背负了沉重的债务，眼前一片迷茫，不知道该怎么办。
我来自一个偏远的小镇，那个地方安静却没有未来。
保送到一所重点高中，眼看着未来一片光明，可高考的那一刻，我的梦想却离我远去，差了 20 分。
……

我想告诉你，别怂，挺住！
成人的世界，平坦不是通往成功的路，起伏才是生命真正的节奏。
很多微笑的背后，是咬紧牙关的坚持。
生活有时很残酷，但你一定要有勇气走出困境，告诉自己，不能放弃。
挺住，才能逆风翻盘，才能迎接未来的一切！

可以看到，ChatGPT 重新编写了故事，结构参照了原文，很多内容和金句也都是原文的复刻，整体效果尚可，但模仿痕迹很重。如果需要它更具针对性，更凸显我们的个人特色与独特性，就需要先明确仿写限定，可以从选题、内容、细节、结构、语言风格等方面来仿写。通常来说，更建议从选题、结构与语言风格上做仿写，而内容是自己的真实经历。

3.2.3 使用 AI 生成仿写内容

这里，我们仍使用温张敏的爆款短视频的文案为例，继续进行仿写。

打开 ChatGPT，输入如下提示词。

你是一个非常专业的新媒体文案创作者，请帮我仿写一篇文案，具体要求如下。
1. 你只能仿照我提供给你的文案的选题、结构和语言风格，但杜绝使用任何原文中出现的情节、句子和细节，哪怕换种说法也不可以。
2. 融入我的故事：我叫焱公子，一个理工男，从未受过专业的写作训练，但一直有一个出书梦。高中时躲在试卷下看金庸小说，被老师当着全班奚落，还被"请家长"。大学时在自习室写小说到深夜，差点错过第二天的考试，但那小说至今也只有几个人读过。毕业后做了通信行业的工程师，所做的工作与写作完全无关。从业 10 年后才鼓起勇气辞职，开始走上写作道路。几经波折，开垮了一家公司，最低谷时负债百万。咬牙一直坚持着，终于在 2020 年出了书。从那时起每年都出书，至今已经出到第 5 本。

提供给你仿写的文案如下。

【你有没有过突然崩溃大哭的时候？

当得知家里负上巨额负债，我懵了，我该怎么办？

……

生活有时会很残酷，但你一定要有走出困境的勇气，你要告诉自己不能输。

挺住，才有逆风翻盘，才有后面的一切！】

 ChatGPT 回复如下。

你是否曾经在某个深夜，感到这个世界压得你喘不过气来？

当你终于意识到，自己一直在逃避梦想，其实已经错过了太多的机会。

我站在那片"理工男"的荒原上，心里一片迷茫，不知道该往哪里走。

我来自一个普通的城市，父母辛勤工作，勉强养活一家四口。

高中时，成绩中规中矩的我，抱着对写作的热爱，却被老师点名批评，小说成了我不敢言说的秘密。

大学时，我依旧没有放弃对写作的热情，有次在自习室偷偷写小说，快到凌晨的时候才意识到，明天有考试。

尽管这样，我的小说只有几个人看过。

毕业后，我选择了稳定的工作——通信行业的工程师。

对写作的热爱被压在了最深的心底，每天和技术打交道，和写作已经完全没有关系。

但是，时间一晃十年过去，我还是心痒难耐，终于做出了一个决定——辞职，去追逐那个遥远的梦想。

然而，现实的残酷很快就展现出来。我经历了无数的失败，创办的公司甚至关门大吉，负债百万，生活几乎陷入绝境。

每一个深夜，我对着账单发愣，不知道该从哪里开始。

我对自己说，别怂，挺住！

那时，我唯一能做的就是坚持，坚持不放弃，坚持每天写作，哪怕没有人看。

那段最艰难的日子里，我做过很多兼职，熬过了无数个孤独的夜晚。

人生最黑暗的时刻，往往也是转折的前夜。

2020 年，我终于出版了我的第一本书。

从那时起，我开始了自己的写作生涯，一年一书，直到今天已经出版了七本。

如果你问我，面对巨大的压力，除了无数次的崩溃，我还能怎么办？

我想告诉你，别怂，挺住！

成年的世界不是一条平坦的路，而是一条波折不断的河流。

有时候，你的梦想看似遥不可及，但只要你不放弃，最终会找到属于自己的那片海。

每一个微笑背后，都有一个咬牙坚持的灵魂。

人生的确会有很多困难，但只要你敢于坚持，就能走过一切困境。

别怕，挺住！未来的你，一定会感谢今天不放弃的自己。

看，这样的仿写是不是虽然有风格和结构上的相似，但几乎已经看不出原文案的痕迹了？

搜索微信公众号"焱公子"，在公众号对话框输入关键词"**AI 爆款**"获取本节 AI 提示词。

··· **实战演练**

请找到一条你喜欢的爆款内容，按照上述步骤，仿写成充满你自己"DNA"的版本吧。

3.3 引流文案：这样设计"钩子"，消费者一定不会反感

【本节导读】

引流文案是一种通过精心设计的文字内容来吸引目标用户注意，从而引导他们采取某种特定行动的推广文案，比如引导目标用户点击、关注、咨询、购买等，即把潜在客户引导到特定的平台、渠道或产品上，为后续的转化和成交做铺垫。因此，一篇优秀的引流文案是构成商业变现闭环非常重要的部分。使用 AI 辅助生成引流文案具体可分为 3 步：**了解引流文案的主要作用与使用场景；明确引流文案的结构；使用 AI 生成引流文案。**我们将这 3 步提炼为一个公式：

AI 生成引流文案 = 了解作用与场景 + 明确结构 + 生成引流文案

3.3.1 引流文案的主要作用与使用场景

通常来说，引流文案主要有 4 个方面的作用。

1. 吸引注意力。通过抓人眼球的标题和内容，吸引用户的注意力，从而促使他们停下来阅读。

2. 激发兴趣和需求。通过故事、痛点、场景等内容，触发用户的情感共鸣或痛点，激发他们的兴趣和需求。

3. 引导行动。通过明确的行动号召（Call to Action，CTA），引导目标用户点击、关注、咨询、购买等。

4. 筛选目标客户。通过文案内容的精准定位，吸引目标用户群体，避免无效流量，从而提升转化率。

引流文案的使用场景主要有以下 5 种。

1. 社交媒体平台。如微信公众号、微博、抖音、小红书等，用来吸引目标用户点击、

关注、咨询、购买等。

2. 电商平台。如淘宝、京东等，在产品详情页或促销活动页面中，通过引流文案吸引目标用户进入店铺或下单。

3. 广告投放。包括信息流广告、搜索引擎广告等，用来吸引目标用户点击广告链接。

4. 网站。通过引流文案引导目标用户注册、订阅、下载资料或购买服务。

5. 私域流量运营。如微信群、朋友圈、App 等，通过引流文案吸引目标用户加入粉丝群。

唯有先明确了引流文案的主要作用与使用场景，我们才能更好地指挥 AI 去写更有针对性的引流文案。

3.3.2　引流文案的结构

要写出一条让目标用户不反感且转化效果好的引流文案，引流文案的结构非常关键。以下是 7 种常见且有效的引流文案的结构。

1. 痛点引导＋解决方案＋行动号召

开篇突出目标用户的痛点或困扰，接着提供一个能够解决这些问题的解决方案或产品，最后给出明确的行动号召。

示例："每天都为找不到时间学习而烦恼？我们为职场人士定制的 20 分钟高效学习计划，让你轻松提升专业技能！现在领取 7 天免费体验卡，快来试试吧！"

2. 疑问句开头＋价值展示＋行动号召

以一个引发思考或兴趣的问题开头，紧接着展示你的产品或服务所能带来的价值，最后清晰地告诉用户下一步该做什么。

示例："还在为写不出吸引人的文案发愁吗？参加我们的'文案写作集训营'，学会 10 个实用技巧，让你的转化率提高 50%！点击链接立即报名！"

3. 数据开头＋解决方案＋行动号召

先利用具体的数字或统计数据吸引注意力，显示某个问题的严重性或某种机会的存在，然后提供解决方案，最后加上行动号召。

示例："90% 的新手创业者在一年内失败，但有一种方法可以让你的成功率翻倍！加入我们的创业实战训练营，掌握顶级导师的成功秘诀，现在就开始行动！"

4. 好奇心驱动 + 情境描述 + 行动号召

先利用激发好奇的语言和故事化的情境描绘吸引用户，接着引入产品或服务，最后鼓励用户采取行动。

示例："有一种方法可以让你在 30 天内英语口语突飞猛进，连外国同事都对你刮目相看！想知道怎么做到的吗？点击下方链接，马上开始你的学习旅程！"

5. 用户见证 / 社会证明 + 价值展示 + 行动号召

先通过用户的真实体验或社会证明（如评论、评价）引起信任感，然后展示产品或服务的独特价值，最后给出明确的行动号召。

示例："3000+ 用户见证，这个工具帮他们节省了 50% 的时间！快加入我们的行列，体验一下这个神奇的生产力神器吧！点击下方，立即开始免费试用！"

6. 免费 / 限时优惠 + 明确收益 + 行动号召

先通过提供免费体验或限时优惠来吸引用户的注意，接着明确他们能获得的收益和好处，最后给出明确的行动号召。

示例："限时优惠仅剩 48 小时！立即报名我们的课程，享受 50% 折扣，快速提升你的职场沟通能力！点击下方链接，立即享受优惠。"

7. 故事叙述 + 结果描述 + 行动号召

通过故事叙述来引发用户的共鸣，接着以故事的美好结果吸引用户，最后引导他们采取行动。

示例："小王从一个默默无闻的职场新人，靠这个方法迅速晋升成了团队负责人，你也可以！点击这里了解他用了什么方法！"

这些引流文案的结构的共同点在于，它们都能够抓住用户的痛点或兴趣点，并通过有效的行动号召引导用户采取行动，同时话术中没有过于强烈的推销语气，不会令目标用户感到不舒适。

3.3.3　使用 AI 生成引流文案

基于明确的场景和结构，就可以让 AI 针对性地生成各类引流文案了。下面，我们使用 ChatGPT 分别针对几种不同场景选用不同结构，实际演示生成引流文案的效果。

场景 1：公域引流私域

打开 ChatGPT，输入如下提示词。

> 你是一个专业的营销顾问，非常擅长撰写让消费者耳目一新的商业引流文案。我是一个美妆博主，当用户向我的小红书账号发私信时，我需要发送一条文案给他们，引导其添加我的企业微信号 YL001。请你基于这个场景和需求，采用"痛点引导 + 解决方案 + 行动号召"这一结构，帮我写一条引流文案。

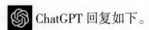 ChatGPT 回复如下。

> 以下是一条基于"痛点引导 + 解决方案 + 行动号召"结构的引流文案，你可以用来吸引用户添加你的企业微信号 YL001。
> "姐妹们，是不是经常遇到这种情况：花了大价钱买护肤品，使用后却没效果？或者不知道该如何搭配使用才能发挥最大功效？别担心！加我企业微信 YL001，我会为你量身定制适合你的美妆护肤方案，还有超多美妆福利和独家干货等你来拿哦！赶快私信回复'美丽'，我会教你如何真正变美！"

场景 2：引导目标用户加入免费分享社群

打开 ChatGPT，输入如下提示词。

> 你是一个专业的营销顾问，非常擅长撰写让消费者耳目一新的商业引流文案。我是一个 AI 知识博主，想要做一场社群发售，在社群里销售最新研发的产品《AI 助力升职加薪》，售价 1999 元。为此，我准备了为期 3 天的免费社群分享课，希望通过发朋友圈的形式，将私域好友尽量多地导入到分享社群中。请你基于这个场景和需求，采用"好奇心驱动 + 情境描述 + 行动号召"这一结构，帮我写一条引流文案。

 ChatGPT 回复如下。

以下是一条基于"好奇心驱动 + 情境描述 + 行动号召"结构的引流文案，适合用在朋友圈里，吸引好友加入你的免费社群分享课。

"你知道吗？仅用 3 天时间，你就能学会如何用 AI 工具大幅提升职场竞争力！之前我用这个方法，短短半年内升职加薪，收入翻倍！现在，我决定把这个独家秘笈分享给大家——《AI 助力升职加薪》免费分享课，这个分享课只在我私密社群里开放，席位有限，满员即止！想加入的朋友，快来评论区回复'进群'吧！下一个职场赢家，就是你！"

场景 3：引导预约直播

打开 ChatGPT，输入如下提示词。

你是一个专业的营销顾问，非常擅长撰写让消费者耳目一新的商业引流文案。我是一个卖水晶的，平常主要在私域（朋友圈、社群、私聊）进行销售。最近到了一批新货，我计划在三天后的周末晚上 8 点开一场视频号直播进行集中销售，届时也将有各种福利和抽奖，我想要让更多人预约我的直播。请你基于这个场景和需求，采用"用户见证 + 价值展示 + 行动号召"这一结构，帮我写一条引流文案。

 ChatGPT 回复如下。

以下是一条基于"用户见证 + 价值展示 + 行动号召"结构的引流文案，适合用在朋友圈、社群等私域渠道，吸引用户预约你的视频号直播：

"很多姐妹戴上家的水晶后，都说好运不断！事业顺心、感情顺利，还能睡得更香。这次又到了一批能量满满的新水晶，3 天后（周末晚上 8 点）我将在视频号直播间进行新货开箱！现场不仅有超值福利价，还有满满的抽奖惊喜等着你！上次没抢到的姐妹们，这次一定不要错过啦！现在就点击预约直播，给自己一个转运的机会！快快锁定，直播间见！"

搜索微信公众号"焱公子"，在公众号对话框输入关键词"**AI引流**"获取本节 AI 提示词。

··· **实战演练** ─────────────────────────────────

请找到一个适合你的场景，挑选一个结构，按照上述步骤让 AI 生成一条引流文案吧。

3.4 海报设计：运用 9 种高阶风格，批量绘制高质量的创意海报

【本节导读】

海报通过精美的视觉设计和简明扼要的文字，能够高效传递活动的关键信息，如时间、地点、内容及亮点等，从而吸引目标用户的注意力，常用于活动宣传、产品促销及品牌推广等场景。使用 AI 生成高质量的创意海报具体可分为 7 步：**明确海报的使用场景；明确海报主体画面；选定海报风格；描述海报背景；设置相关参数；使用 AI 绘制创意海报；使用 PS 等工具做后排排版。**

我们将这 7 步提炼为一个公式：

AI 海报设计 =
明确使用场景 + 明确主体 + 选定风格 + 描述背景 + 设置参数 + 绘制创意海报 + 后期排版

3.4.1 海报的主要使用场景

海报作为一种重要的视觉传达工具，其使用场景极为广泛，涵盖了从商业到文化等多个领域，以下是海报的一些主要使用场景。

1. 活动宣传。无论是音乐会、展览、电影放映、剧院演出还是社区活动，海报都是快速传递时间、地点、内容及亮点等关键信息的有效方式，能够吸引目标用户参与。

2. 产品促销。商家利用海报宣传促销活动和折扣信息，在商场、超市或零售店内外展示，可以吸引消费者注意，从而促进销售增长。

3. 品牌推广。通过一系列设计精美的海报展示品牌形象、核心价值和产品理念，帮助企业增强在目标受众中的认知度和认同感，从而提升品牌影响力。

4. 公益宣传。政府部门、公共服务机构和非营利组织经常使用海报来宣传交通安全、环保、公共健康等公益活动，旨在教育和引导公众行为。

5. **招聘征集**。企业或机构通过海报发布招聘信息，吸引求职者；活动主办方通过海报征集志愿者或参赛者。这类海报通常会在社交媒体或大学校园内发布。

6. **教育培训**。教育机构和学校使用海报宣传课程、讲座、研讨会等内容，帮助目标学员快速了解课程详情、教师信息和报名方式。

7. **会议展览**。各类商业会议、行业展览和论坛等活动常利用海报进行预热宣传，提前告知参会者活动主题、日程安排、嘉宾信息及举办地点。

8. **电影、戏剧宣传**。电影公司和戏剧团体通过富有创意和视觉冲击力的海报宣传即将上映的电影或上演的戏剧，从而促进观众购票。

9. **社交媒体和网络传播**。数字化海报广泛应用于微信、微博等社交媒体平台和网络平台上，用于活动预告、促销推广和品牌营销等多种目的。

3.4.2 海报风格

在使用 AI 工具绘制海报时，选择合适的海报风格对于传达特定的信息和情感至关重要。以下是 9 种适合用于海报设计的风格及其应用场景。

1. **复古风格（Vintage Style）**。模仿 20 世纪早期的设计元素，如旧报纸的印刷风格、怀旧的字体和色调，适用于复古产品推广或音乐会的宣传海报设计。

2. **极简主义风格（Minimalist Style）**。通过大量留白和少量关键元素来传达信息，通常配以精致的字体，适用于高端品牌或需要传达简约和精致感的场合的宣传海报设计。

3. **赛博朋克风格（Cyberpunk Style）**。具有强烈的未来感，使用霓虹色调、数字故障效果和高对比度图像，适用于科技类活动或科幻主题的宣传海报设计。

4. **水墨风格（Ink Wash Style）**。结合传统中国画中的水墨笔触与现代设计理念，展现出优雅的文化感，适用于文化类活动或文艺品牌的宣传海报设计。

5. **波普艺术风格（Pop Art Style）**。受到安迪·沃霍尔（Andy Warhol）等艺术家的影响，采用明亮色块和重复图案，适用于潮流品牌或娱乐活动的宣传海报设计。

6. **手绘插画风格（Hand-drawn Illustration Style）**。强调温馨、自然和个性化的感

觉，以手绘为主，适用于儿童、家庭或环保主题的宣传海报设计。

7. 涂鸦风格（Graffiti Style）。 借鉴街头涂鸦的自由和不羁，使用喷漆效果、涂鸦字体和生动的色彩，适用于年轻化活动或城市文化的宣传海报设计。

8. 蒙德里安风格（Mondrian Style）。 受荷兰画家彼埃·蒙德里安（Piet Mondrian）的抽象派作品影响，采用简单网格布局和红、黄、蓝三原色搭配黑色线条，适用于现代艺术展览或极简风格的宣传海报设计。

9. 像素艺术风格（Pixel Art Style）。 模仿早期视频游戏中的像素化图像，充满复古的数字感和怀旧风，适合游戏活动和复古主题的宣传海报设计。

3.4.3 使用 AI 绘制创意海报

接下来，我们使用 AI 绘图工具 Midjourney 演示如何绘制出不同风格的海报。想要绘制高质量的创意海报，可遵循公式**明确使用场景 + 明确主体 + 选定风格 + 描述背景 + 设置参数**来撰写相关提示词。我们挑选一些上述提到的风格，进行详细演示。

范例 1：音乐节活动宣传海报

场景　一张充满活力和怀旧氛围的户外音乐节海报。

主体　一个年轻的摇滚乐队成员站在舞台中央激情演奏吉他，舞台灯光打在他身上，展现其充满活力的姿态，他的周围可以看到其他乐器演奏者，比如鼓手、键盘手等，所有人都穿着带有花卉图案或流苏装饰的服装。

风格　复古风格。

背景　背景呈现出音乐节的热闹氛围，天空使用暖色调的夕阳光线，并加入一些朦胧的光晕效果，营造出一种温馨且充满活力的氛围。

参数　温暖的金色复古色调，人物和物体的阴影需要柔和，从而增强复古风格的柔美感，加入一些旧纸张或胶片颗粒的纹理效果，增加宣传海报的复古感和艺术感，采用竖版海报设计，画面比例为 2 ：3。

基于上述内容，可以撰写如下所示的中文提示词。

创意海报设计，音乐节活动宣传使用，复古风格。一个年轻的摇滚乐队成员站在舞台中央激情演奏吉他，舞台灯光打在他身上，展现其充满活力的姿态。主角周围可以看到其他乐器演奏者，比如鼓手、键盘手等，所有人都穿着带有花卉图案或流苏装饰的服装。天空使用暖色调的夕阳光线，并加入一些朦胧的光晕效果，使用温暖的金色复古色调，人物和物体的阴影需要柔和，从而增强复古风格的柔美感。海报中加入一些旧纸张或胶片颗粒的纹理效果，增加海报的复古感和艺术感，画幅比例2：3。

打开 Midjourney，输入对应的英文提示词。

Creative poster design, music festival event promotion, Vintage style. A young rock band member standing in the center of the stage playing the guitar passionately, the stage lights hit him, showing his energetic posture. The protagonist can be seen around other instrumentalists, such as drummers, keyboard players, etc. All are wearing costumes with floral patterns or tassels. The sky uses warm-toned sunset light. Add some hazy halo effects. Warm golden retro tones. The shadows of characters and objects need to be soft to enhance the softness of the retro style. Add the texture effect of some old paper or film particles to increase the retro and artistic sense. --ar 2：3

 Midjourney 输出如下。

我们选择右上图作为海报背景图素材，使用 PS 或者其他图片设计工具添加上字体并做简单排版，就可以得到以下海报成片。

范例 2: 口红的电商宣传海报

场景　一张以简单且现代的方式展示口红的电商宣传海报。

主体　一支口红直立放置，镜头从一个略微俯视的角度拍摄，突出其精致的细节和质感。口红管设计精美，光滑的金属质感与哑光或亮泽的膏体形成对比。口红膏体微微转出，展现其颜色和质地。

风格　极简主义风格。

背景　采用单一纯色，以柔和的浅米色为主。背景设计极简，避免任何繁杂的图案或装饰，以保持简约干净的整体风格。加入一些柔和的阴影和光晕效果，使画面更加立体，同时不喧宾夺主。

参数　使用柔和的漫射光来增强口红的质感，同时制造一些细微的阴影，使口红更加立体。避免强烈的对比，保持整体柔和协调。色彩搭配要清新、现代，同时不失优雅感。

采用竖版海报设计，画面比例为 2 ： 3。

基于上述内容，可以撰写如下所示的中文提示词。

商业摄影，电商海报设计，极简主义风格。一只口红直立放置，镜头从一个略微俯视的角度拍摄，突出其精致的细节和质感。口红管设计精美，光滑的金属质感与哑光或亮泽的膏体形成对比。口红膏体微微转出，展现其颜色和质地。背景采用单一纯色，以柔和的浅米色为主，海报中避免任何繁杂的图案或装饰，使用柔和的漫射光来增强口红的质感，同时制造一些细微的阴影，使口红更加立体，画幅比例 2 ： 3。

打开 Midjourney，输入对应的英文提示词。

Commercial photography, e-commerce poster design, minimalist style. A lipstick placed upright, the lens is shot from a slightly overlooking angle, highlighting its delicate details and texture. The lipstick tube is beautifully designed, and the smooth metallic texture contrasts with the matte or shiny paste. The lipstick paste is slightly turned out to show its color and texture. The background is a single solid color, dominated by a soft light beige color. Avoid any complicated patterns or decorations. Use soft diffuse light to enhance the texture of the lipstick. At the same time, create some subtle shadows to make the lipstick more three-dimensional. --ar 2 ： 3

 Midjourney 输出如下。

我们选择右下图作为海报背景图素材，使用 PS 或者其他图片设计工具添加上字体并做简单排版，就可以得到海报成片。

范例 3：校园招聘海报

场景　一张校园招聘海报。

主体　一个美丽的女大学生站在校园里，踌躇满志地看着远方，面带微笑，展现出对于未来的无限憧憬与自信。

风格　手绘插画风格。

背景　手绘风格的校园场景，具有柔和的色彩和细腻的线条表现，远处是典型的校园建筑，如图书馆、教学楼、草坪等，营造出一个温馨的校园氛围。

参数　整体色调明亮而温暖，避免强烈对比，以柔和的暖色调为主，采用竖版海报设计，画面比例为 2 ∶ 3。

基于上述内容，可以撰写如下所示的中文提示词。

校园招聘海报设计，手绘插画风格。一个美丽的女大学生站在中国的大学校园里，踌躇满志地看着远方，面带微笑，背景为典型的校园建筑，如图书馆、教学楼、草坪等，以柔和的暖色调为主，画面非常干净，画幅比例 2 ∶ 3。

打开 Midjourney，输入对应的英文提示词。

Campus recruitment poster design, Hand-drawn illustration style. A beautiful female college student standing on Chinese university campus, looking at the distance with confidence, smiling, the background is typical campus buildings, such as libraries, teaching buildings, lawns, etc. Mainly in soft warm colors, the picture is very clean --ar 2：3

 Midjourney 输出如下。

我们选择左上图作为海报背景图素材，使用 PS 或者其他图片设计工具添加上字体并做简单排版，就可以得到海报成片。

　　搜索微信公众号"焱公子"，在公众号对话框输入关键词"**AI 海报**"获取本节 AI 提示词。

··· **实战演练**

请找选择一个适合你的场景，按照**明确使用场景＋明确主体＋选定风格＋描述背景＋设置参数＋绘制创意海报＋后期排版**这一公式，设计一款让自己心仪的海报吧。

3.5　主题音乐：仅需一条指令，立刻定制"上头型"品牌歌曲

【本节导读】

一个独特且富有感染力的主题音乐能够成为品牌的声音标志，当目标用户听到这段主题音乐时，会自然而然地联想到该品牌。声音标志与视觉标志（如 Logo）相互补充，共同增强品牌的辨识度。因此，在品牌建设过程中，选择合适的主题音乐至关重要。使用 AI 生成"上头型"品牌歌曲具体可分为 5 步：**确定主题音乐风格；确定主题音乐主题；确定主题音乐氛围或情绪；描述歌手特点（若为纯音乐可忽略）；使用 AI 生成主题音乐。**

我们将这 5 步提炼为一个公式：

AI 生成主题音乐 = 确定风格 + 确定主题 + 确定情绪 + 描述歌手特点 + 生成主题音乐

3.5.1　主流音乐风格

主流音乐风格极其多样，每种都有独有的特征和表达方式。这些差异体现在情感传达、节奏感以及文化背景等方面，因此，在为品牌选择主题音乐时需要仔细考虑。以下列出了一些主流音乐风格及其与品牌的适配性，供读者参考。

1.　流行音乐（Pop）。特点是旋律简单易记、节奏感强、结构规整，歌词通常围绕情感和日常生活。比较适合大众化、时尚感强的品牌，如快消品、时尚服饰、电子产品等。这类音乐容易被大多数人接受，能够迅速吸引目标用户的注意力。

2.　古典音乐（Classical）。特点是旋律优美、结构复杂，通常使用管弦乐器，具有高雅、庄重的特质。比较适合高端品牌，如奢侈品、金融服务、豪华汽车等。古典音乐可以传达出品牌的优雅和专业形象，适用于强调品质和传统的品牌定位。

3.　摇滚音乐（Rock）。特点是节奏感强烈、吉他主导，具有激昂、热血的特质。比

较适合追求个性化、突破常规的品牌，如运动品牌、年轻消费群体定位的产品、科技公司等。摇滚音乐能够传达出不羁、创新和能量的品牌形象。

4. 电子音乐（Electronic/Dance）。特点是以电子合成器和打击乐器为主导，节奏感强，适合舞蹈和派对场景。比较适合潮流、创新、科技感强的品牌，如现代科技产品、快闪店、年轻人品牌等。电子音乐可以营造出现代感和活力感，吸引年轻受众。

5. 爵士乐（Jazz）。特点是节奏自由、旋律变化多样，具有即兴演奏特点，通常带有复古和浪漫的气质。比较适合品位独特、重视艺术性的品牌，如咖啡店、餐厅、精品酒店等。爵士乐能传达出品牌的独特性、松弛感和高级感。

6. 民谣（Folk）。特点是旋律平和，歌词富有叙事性，通常表达个人情感和生活故事。比较适合重视人文关怀、自然和简约生活方式的品牌，如环保产品、乡村旅游、手工艺品等。民谣音乐可以传达出品牌的真诚和朴实。

7. 嘻哈音乐（Hip-hop/Rap）。特点是节奏鲜明、歌词直白，通常表达个性、街头文化和社会现象。比较适合年轻化、强调个性和文化态度的品牌，如街头潮牌、运动鞋、游戏和娱乐产品等。嘻哈音乐可以传递出品牌的态度和年轻气息。

8. 世界音乐（World Music）。特点是融合不同地域和民族的音乐风格，具有多样化和异域风情。比较适合强调多样性、全球化和文化融合的品牌，如旅游公司、多文化背景产品和服务等。世界音乐能够表现品牌的包容性和国际视野。

9. 放克音乐（Funk）。特点是节奏紧凑，具有强烈的低音线条和复杂的鼓点，音乐节奏感强，带有舞蹈性。比较适合活力四射、充满动感的品牌，如饮料品牌、娱乐和活动类品牌等。放克音乐能传递出品牌的动感和独特性。

此外，在选择企业品牌主题音乐时，还需考虑以下 4 个因素。

1. 品牌定位。选择与品牌定位相符合的音乐风格，例如高端品牌适合古典音乐，年轻潮流品牌适合电子音乐或嘻哈音乐。

2. 情感共鸣和记忆点。选择能引起目标用户情感共鸣的音乐，旋律应简单易记，以增强品牌的记忆点。

3. 品牌故事和价值观。音乐风格应能体现品牌故事和价值观。例如，环保品牌可以选择民谣或世界音乐来传递其关爱自然和文化多样性的理念。

4. 应用场景。考虑音乐在实际应用场景中的效果，例如广告、门店、活动等场景中的使用效果。

3.5.2　使用 AI 生成主题音乐

接下来，我们选择 AI 音乐工具 SUNO，遵循公式**确定风格 + 确定主题 + 确定情绪 + 描述歌手特点 + 生成主题音乐**，演示主题音乐的生成过程。

范例 1：为一家奢侈品品牌生成一首主题音乐

风格　古典音乐，以弦乐四重奏为主（包括小提琴、中提琴、大提琴和低音提琴），辅以钢琴和竖琴的和声。

主题　音乐主题为"永恒的优雅与奢华"。音乐应营造出一种高贵和精致的氛围，能够反映出品牌的卓越品质、匠心工艺和文化传承。

情绪　庄重、从容、充满力量感，同时带有一丝感性的温柔与浪漫。乐曲开头部分柔和，中间部分逐渐发展到充满张力的高潮，最后部分以和谐且悠扬的旋律收尾，给人一种完成感和满足感。

歌手　无歌手，为纯音乐作品。

基于上述内容，可以在 SUNO 的"Describe your song（描述你的歌曲）"对话框中，输入如下提示词。

古典音乐，以弦乐四重奏为主（包括小提琴、中提琴、大提琴和低音提琴），辅以钢琴和竖琴的和声。音乐主题为"永恒的优雅与奢华"的主题，应营造出一种高贵和精致的氛围。庄重、从容、充满力量感，同时带有一丝感性的温柔与浪漫。乐曲开头部分柔和，中间部分逐渐发展到充满张力的高潮，最后部分以和谐且悠扬的旋律收尾。

同时，需要打开**"Instrumental（乐器）"**开关（此开关打开代表只生成纯音乐，无演唱）。

点击"Create（创造）"按钮，等待 1 ~ 2 分钟，SUNO 同时生成了以下两个版本的音乐。

我们可以对音乐的名字和配图进行编辑，如果对生成效果不满意，可以要求 SUNO 再次生成。

范例 2：为一家运动品牌生成一首主题音乐

风格 现代摇滚音乐（Modern Rock），以电吉他、贝斯和鼓为主，配合强烈的打击乐和富有张力的吉他独奏。音乐应快速且充满力量，具有强烈的节奏感和动感，营造出年轻、自由、叛逆的感觉。

主题　音乐主题为"突破极限、挑战自我"。音乐应传递出一种无畏、坚持和不断追求突破的精神。

情绪　音乐充满激情、激昂、鼓舞人心的力量，具有推动力。乐曲开头部分以强劲的鼓点和激昂的吉他 riff 引入，逐步营造紧张而充满力量的氛围，中间部分加入电吉他独奏或鼓的节奏变化，传递出奋斗和冲破极限的情感。最后部分可以有一个令人振奋的高潮，给人一种胜利和成就感。

歌手　男声，嗓音应具有力量感和粗犷的质感，带有些许沙哑，能传递出激情和力量。歌唱部分应有层次感，合唱部分要能引发共鸣，适合用于体育赛事、广告或品牌活动等场合，增强观众的代入感和品牌认同感。

基于上述内容，输入如下提示词。

> 现代摇滚音乐，以电吉他、贝斯和鼓为主，配合强烈的打击乐和富有张力的吉他独奏。节奏应快速且充满力量，体现"突破极限、挑战自我"的主题。音乐充满激情、激昂、鼓舞人心的力量，具有推动力。乐曲开头部分以强劲的鼓点和激昂的吉他 riff 引入，中间部分加入电吉他独奏或鼓的节奏变化，最后部分有一个令人振奋的高潮。男声，嗓音应具有力量感和粗犷的质感，带有些许沙哑，能传递出激情和力量。

点击"**Create（创造）**"按钮，等待 1 ~ 2 分钟，SUNO 即同时生成了以下两个版本的音乐。

我们可以在线试听、编辑歌名、重新生成、延长歌曲或直接下载。

范例 3：为一家时尚服饰品牌生成一首主题音乐

风格　现代流行音乐（Modern Pop），融合轻快的电子元素和节奏鲜明的鼓点。音乐应具有清新、动感的特质，使用电子合成器、贝斯和流畅的节奏吉他来营造轻松、时尚的氛围。旋律易于记忆，副歌部分应朗朗上口，适合成为"病毒式"传播的流行单曲。

主题　音乐主题为"个性与自信"。音乐应传递时尚服饰品牌鼓励人们展现个性和自信态度的理念。歌词围绕着"风格与自由""突破传统""在都市中闪耀"的分主题展开，强调自信、独特和大胆的时尚宣言。

情绪　愉悦、充满活力、时尚感强烈。

歌手　女声，声音清亮且富有表现力。歌手应具备现代流行歌手的特点，声音层次丰富，能够自如地在轻松和激昂之间转换，突出歌曲的旋律感和节奏感。演唱风格应充满自信和动感，适合配合时尚和街头风格的品牌形象。

同时，本例我们使用 SUNO 的定制功能，提供写好歌词，让它按照歌词来生成曲子。

此处作为演示，我们基于歌曲主题，让 ChatGPT 辅助生成歌词。

打开 ChatGPT，输入如下提示词。

你是一个专业的歌词创作达人，现在需要你为一家时尚服饰品牌的主题音乐创作一首歌词，歌词主题是"个性与自信"，歌词围绕着"风格与自由""突破传统""在都市中闪耀"的分主题展开，强调自信、独特和大胆的时尚宣言。请自拟歌名，歌词请按照 [Verse]+[Chorus] 的格式来填充。

 ChatGPT 回复如下。

歌名：《都市星光》
[Verse 1]
穿上我的风格，就像一场秀
每一步都坚定，不在乎谁左右
在这城市霓虹，闪烁我的光
不被定义的我，自由穿行在街道上
打破那些规则，打破那些框
我的存在注定，是一场不羁的狂想
听着心跳的节奏，跟着我去闯
勇敢追寻自己，让世界看得更清亮
[Chorus]
我在都市中闪耀，点亮所有目光
不做平凡的模样，我要自由飞翔
风格是我的骄傲，独特如星河绽放
用自信去宣告，做我自己最漂亮
[Verse 2]
流行不定义我，我就是风向标
在这钢筋丛林，我敢与众不同的骄傲
每个瞬间都真实，拒绝虚伪伪装
大胆去追逐梦，不怕跌倒与受伤
从不需要标签，自由是我的信仰
活出我的节奏，在这都市疯狂歌唱
每个眼神都说，勇敢就是力量
站在自己的舞台，让灵魂闪亮登场
[Chorus]
我在都市中闪耀，点亮所有目光
不做平凡的模样，我要自由飞翔
风格是我的骄傲，独特如星河绽放
用自信去宣告，做我自己最漂亮

[Bridge]
每一步走出我的轨迹
在每个黎明到来的晨曦
让我的声音，划破夜的宁静
这就是我的个性，不容置疑
[Chorus]
我在都市中闪耀，点亮所有目光
不做平凡的模样，我要自由飞翔
风格是我的骄傲，独特如星河绽放
用自信去宣告，做我自己最漂亮

打开 SUNO，将 ChatGPT 创作的歌词粘贴进 "Lyrics（歌词）" 对话框。

在 "Styles（风格）" 对话框输入：现代流行音乐，女声演唱，声音清亮且富有表现力。

在 "Song Title（歌名）" 对话框输入：都市星光。

点击 "Create（创造）" 按钮，等待 1 ~ 2 分钟，Suno 即同时生成了以下两个版本的音乐。

我们可以在线试听、编辑歌名、重新生成、延长歌曲或直接下载。

由于书中无法直接展示音乐效果，感兴趣的读者可以通过搜索微信公众号"焱公子"，并在公众号对话框输入关键词"**AI 主题音乐**"获取本节提示词和相关音乐成品。

··· **实战演练**

现在，请选择一个你喜欢的曲风，按照如上步骤，为你品牌生成一首主题音乐吧！

···

3.6 广告视频：高级感拉满的广告视频，成本不到3位数

【本节导读】

与其他广告形式相比，广告视频通过图像、声音、文字、音乐及特效的结合，能够更加生动地传达品牌的故事和情感。相较于单纯的文字或静态图片，广告视频不仅更具冲击力，还能增强品牌记忆度，从而带来更高的关注度和转化率。然而，传统方式拍摄一条广告视频往往需要较复杂的流程和较高的成本。借助 AI 技术可以大幅缩减制作流程和成本。使用 AI 生成广告视频具体可分为 6 步：**确定广告视频主题及需要推广的产品；围绕主题与产品使用 AI 创作剧本；根据剧本使用 AI 制作分镜脚本；使用 AI 绘制分镜图片；根据分镜图片使用 AI 生成对应视频；后期剪辑制作出广告视频成片。**

我们将这 6 步提炼为一个公式：

AI 广告视频 =

确定主题 + 创作剧本 + 制作分镜脚本 + 绘制分镜图片 + 生成分镜视频 + 后期剪辑制作成片

3.6.1 使用传统方式与使用 AI 制作广告视频的区别

与传统方式制作广告视频相比，使用 AI 制作广告视频主要有以下四点区别。

1. 效率。传统广告视频制作通常涉及一个复杂的流程，包括创意策划、脚本撰写、分镜设计、拍摄、后期剪辑、添加特效、添加音效等。整个流程需要多个团队和专业人员的合作，周期较长，特别是创意与执行之间的沟通可能需要多次修改和反馈才能达到预期效果。使用 AI 技术制作广告视频，可以根据预设的主题和要求自动生成分镜、图片和视频内容，甚至自动添加特效、配音和背景音乐。AI 制作广告视频的整个流程自动化程度高，能够极大地减少人力和时间成本。在熟练操作的情况下，原本需要数天时间的视频制作，

使用 AI 也许几个小时就能完成，能够显著提升制作效率。

2. 成本。 由于传统方式涉及大量的人力资源和物料（如场地、设备租赁等），其成本通常较高。特别是需要高质量和复杂特效的广告视频，其成本往往更高。使用 AI 技术可以减少大量的人力成本和物料成本，例如前期的拍摄和场地成本。制作费用主要集中在 AI 模型的使用上，相较于传统制作而言，总体成本低得多。

3. 创意。 在传统方式下，创意主要来源于人类的经验和想象力，虽然具有高度的个性化和独特性，但受限于经济成本和制作时间，难以将所有想象与灵感充分实现。使用 AI 技术则可以突破这一局限，更好地释放创造力，使视频内容更加丰富多彩。

4. 灵活性。 一旦传统方式进入制作环节，变更内容可能会带来较大的成本和时间延误。而使用 AI 技术则具备更高的灵活性，能够根据用户的实时需求快速修改并生成新内容，对于市场快速变化和客户需求的即时响应能力更强。

总体而言，使用 AI 制作广告视频，在效率、成本、创意和灵活性方面均具有显著优势，特别适合需要快速迭代和大规模内容输出的企业。

3.6.2 使用 AI 生成广告视频

接下来，我们进入实操环节，遵循公式**确定主题 + 创作剧本 + 制作分镜脚本 + 绘制分镜图片 + 生成分镜视频 + 后期剪辑制作成片**，即可快速生成高级感拉满的广告视频。

在这一流程中，将使用到 3 个 AI 工具：ChatGPT、Midjourney 与可灵 AI，以及 1 个后期剪辑工具：剪映。ChatGPT 主要用于剧本与分镜脚本生成，Midjourney 主要用于绘制分镜图片，可灵 AI 主要用于基于图片生成分镜视频，剪映则主要用于后期剪辑。由于本书主要聚焦 AI 生成的内容，所以最后一步不做具体展开。

以某公司名为"飓风"的吹风机产品为例，该吹风机最大的卖点是风力强劲，1 分钟就能吹干头发。现在我们将使用 AI 技术，基于该卖点为这款产品制作一条广告视频。

第一步：确定主题。 基于以上卖点，我们为广告视频设定一个有意思的主题：**飓风，不只是吹风机。** 意在凸显它的风力强劲，无所不能。在这一主题下，广告视频可以切换不同的创意场景，来展示"飓风"的强大功能。

第二步：创作搞笑微剧本。

打开 ChatGPT，输入如下提示词。

你是一个充满创意的广告营销专家和文案高手，现在请为一款名为"飓风"的吹风机产品，写一个微剧本。该吹风机的卖点是风力强劲，1 分钟即可吹干头发，基于该卖点，确定剧本主题为"飓风，不只是吹风机"。内容上，我需要根据该主题呈现多个不同的创意场景，来展示"飓风"的强大功能。请注意突破常规，肆意发挥你的想象力，呈现出若干夸张、离奇、戏剧性，甚至搞笑的场景。剧本控制在 500 字以内。

 ChatGPT 回复如下。

微剧本：《飓风，不只是吹风机》
场景 1：办公室的救星
镜头 1：一间繁忙的办公室里，大家在为一个急需的文件发愁。文件不小心泡在咖啡里，湿透了。
镜头 2：大家一筹莫展，这时，主角小李突然拿出"飓风"吹风机，深吸一口气。
镜头 3：她打开"飓风"，强劲的风力瞬间将文件吹干，文件恢复如新。大家惊呼："这不是吹风机吗？！"
旁白："不只是吹风机，也是你办公的救星！"

场景 2：意外的沙滩派对
镜头 1：一个小男孩和他的家人在沙滩上玩耍。突然，天色突变，乌云密布，狂风大作，沙子被吹得漫天飞舞。
镜头 2：妈妈赶紧拿出"飓风"吹风机挡在前面，一按开关，风沙瞬间被反吹回大海。蓝天白云重新回到大家头顶。
镜头 3：人们拍手欢呼，开始即兴沙滩派对。孩子开心地问："妈妈，这是什么？！"
旁白："不只是吹风机，还能吹走你的坏天气！"

场景 3：餐厅的秘密武器
镜头 1：在一间高级餐厅的厨房里，厨师们正忙得不可开交。突然，有人失手洒了一整锅水在地上，所有人都急得团团转。
镜头 2：店长走过来，从厨房橱柜里拿出"飓风"吹风机，大喊："让开！"

镜头 3：他打开"飓风"，一股狂风卷起地上的水花，几秒钟内地面干燥如初，厨师们纷纷继续忙碌。

旁白："不只是吹风机，还是餐厅的秘密武器！"

场景 4：无敌的健身房神器

镜头 1：在健身房里，几个健身达人在大汗淋漓地训练。大家满头大汗，不断用毛巾擦拭。

镜头 2：这时，一个肌肉男拿出"飓风"吹风机，打开开关，狂风一吹，全场健身者的汗水瞬间被蒸发，头发干净整洁。

镜头 3：其他人目瞪口呆，纷纷放下毛巾，抢着使用这款神器。

旁白："不只是吹风机，还是健身房的降温神器！"

场景 5：高压车间里的"飓风"

镜头 1：在一家机器轰鸣的工厂车间里，工人们在高压下工作，一片紧张。

镜头 2：突然，一台机器漏气，浓烟滚滚。主管面无惧色，从工具箱里拿出"飓风"吹风机，一按按钮，狂风呼啸而出。

镜头 3：机器里的烟雾瞬间消散，车间又恢复了正常工作秩序。

旁白："不只是吹风机，还是你工厂的应急神器！"

结尾

镜头："飓风"吹风机在各种场景下被应用，不断切换使用场景，从办公室到沙滩，从厨房到健身房，最后到工厂车间。

字幕出现："飓风，不只是吹风机。无限可能，一吹即现！"

旁白："'飓风'吹风机，强劲风力，超乎想象！"

第三步：制作分镜脚本。 基于 ChatGPT 生成的剧本，为了更好地匹配画面，还需要将之转化为分镜脚本。

继续在 ChatGPT 中输入如下所示的提示词。

现在请把上述剧本转化为分镜脚本，以表格形式直接呈现在对话框中，表格内容从左到右依次是序号、景别、画面内容、镜头时长、镜头运动。

序号	景别	画面内容	镜头时长	镜头运动
1	全景	办公室一角，员工们围着一堆湿透的文件，表情焦虑。	3秒	平移进入画面
2	中景	小李从包中拿出"飓风"吹风机，大家疑惑地看着她。	2秒	推镜头到小李
3	特写	小李自信地打开吹风机，强劲风力吹过文件。	3秒	固定镜头
4	中景	文件瞬间干透，众人欢呼，小李得意一笑。	4秒	拉镜头展现全景
5	全景	沙滩场景，家庭在玩耍，乌云骤至，狂风吹沙，场面混乱。	4秒	镜头跟随风沙运动
6	中景	妈妈拿出"飓风"吹风机，挡在前面。	3秒	固定镜头
7	特写	吹风机打开，狂风反吹，蓝天白云再现。	3秒	推镜头特写
8	全景	家庭成员跳起沙滩舞，欢快的派对开始。	4秒	平移穿过人群
9	全景	高级餐厅厨房，厨师忙碌，地上洒满水，场面混乱。	3秒	固定镜头
10	中景	店长拿出"飓风"吹风机，大喊"让开！"，其他人让开。	2秒	推镜头到店长
11	特写	吹风机打开，水花被迅速吹干，地面干净整洁。	3秒	推镜头
12	全景	厨师们继续忙碌，厨房恢复秩序。	4秒	平移展示厨房全景
13	中景	健身房内，健身者大汗淋漓，毛巾擦汗。	3秒	固定镜头
14	特写	肌肉男拿出"飓风"吹风机，打开吹干所有汗水。	4秒	拉镜头展现全景
15	全景	其他健身者惊讶地围过来，争相使用吹风机。	3秒	平移穿过人群
16	全景	工厂车间内，机器漏气，烟雾弥漫，工人们惊慌。	3秒	固定镜头
17	中景	主管拿出"飓风"吹风机，坚定地按下按钮。	2秒	推镜头到主管
18	特写	吹风机的强风迅速吹散烟雾，车间恢复正常。	3秒	推镜头特写
19	全景	各种场景切换展示"飓风"在不同场合的应用：办公室、沙滩、餐厅、健身房、工厂等。	6秒	快速切换
20	特写	"飓风"吹风机产品展示，旁白及字幕出现："飓风，不只是吹风机。无限可能，一吹即现！"	5秒	推镜头到产品特写

第四步：绘制分镜画面。有了分镜脚本，即可开始使用 Midjourney 分别绘制对应的分镜画面。此处，既可以自己写 Midjourney 提示词，也可以采用一个"偷懒"的方式，让 ChatGPT 替我们撰写提示词。

继续在 ChatGPT 中输入如下所示的提示词。

> 我将使用 Midjourney 分别生成序号 1 到 20 对应的分镜画面，请你按照序号匹配 Midjourney 提示词的格式要求，帮我写出对应的 Midjourney 英文提示词。画幅比例统一为 16:9，Midjourney 版本号统一为 V 6.1。

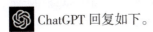 ChatGPT 回复如下。

下面是按照 Midjourney 提示词格式要求为每个分镜画面编写的英文提示词，确保每个提示词能够清晰描述场景内容。

1. 序号 1 - 办公室一角，员工围着湿透的文件
An office setting with a group of worried employees gathered around a pile of wet documents, looking anxious and frustrated. The background shows a busy office environment with desks, computers, and paperwork scattered around. --ar 16:9 --v 6.1

2. 序号 2 - 小李从包中拿出吹风机
A confident woman (Chinese, 30s) takes out a powerful hairdryer from her bag while colleagues look at her with curiosity. The background shows an office environment with desks and papers. --ar 16:9 --v 6.1

3. 序号 3 - 小李打开吹风机，风力吹过文件
Close-up of a determined woman (Chinese, 30s) turning on a high-powered hairdryer. A gust of wind blows over the wet documents, drying them instantly. Intense wind effect, papers fluttering in the air. --ar 16:9 --v 6.1

4. 序号 4 - 文件干透，众人欢呼
A group of office workers cheer and celebrate as a stack of documents is dried completely. The woman with the hairdryer smiles confidently. Office environment in the background. --ar 16:9 --v 6.1

5. 序号 5 - 沙滩场景，家庭玩耍，乌云骤至
A family enjoying their time on a sunny beach, suddenly dark clouds gather, and a strong wind blows sand everywhere. The atmosphere changes from cheerful to chaotic. --ar 16:9 --v 6.1

6. 序号 6 - 妈妈拿出吹风机挡在前面
A mother (Chinese, 40s) on the beach holds a powerful hairdryer in front of her, ready to blow

away the sandstorm. Her expression is focused and determined. --ar 16:9 --v 6.1

7. 序号 7 - 吹风机打开，狂风反吹，蓝天白云再现

Close-up of a powerful hairdryer blowing back a sandstorm on the beach, revealing a clear blue sky and fluffy white clouds. Intense wind effect, sand flying away. --ar 16:9 --v 6.1

8. 序号 8 - 家庭成员跳起沙滩舞

A family of four happily dancing on a sunny beach, celebrating with joyful expressions. The background shows a calm sea and a bright sky. --ar 16:9 --v 6.1

9. 序号 9 - 高级餐厅厨房，厨师忙碌，地上洒满水

A high-end restaurant kitchen in chaos, with chefs rushing around and a large spill of water on the floor. The atmosphere is tense and frantic. --ar 16:9 --v 6.1

10. 序号 10 - 店长拿出吹风机，大喊"让开！"

A determined restaurant manager (Chinese, 50s) holding a powerful hairdryer and shouting "Make way!" in a busy kitchen. Chefs in the background look surprised and step aside. --ar 16:9 --v 6.1

11. 序号 11 - 吹风机打开，水花被吹干

Close-up of a powerful hairdryer blowing across a wet kitchen floor, drying it instantly. Water droplets are visibly evaporating, chefs looking amazed. --ar 16:9 --v 6.1

12. 序号 12 - 厨师们继续忙碌，厨房恢复秩序

Chefs in a high-end kitchen continue their work efficiently, with the floor dry and the kitchen back to order. The atmosphere is focused and professional. --ar 16:9 --v 6.1

13. 序号 13 - 健身房内，健身者大汗淋漓

A gym filled with people working out intensely, sweating heavily. The scene shows various fitness equipment, and people wiping sweat with towels. --ar 16:9 --v 6.1

14. 序号 14 - 肌肉男拿出吹风机，吹干所有汗水

A muscular man (Caucasian, 30s) confidently takes out a powerful hairdryer in a gym and turns it on, blowing away sweat from his body and the surrounding air. People around look in awe. --ar 16:9 --v 6.1

15. 序号 15 - 健身者惊讶地围过来，争相使用吹风机

A group of surprised gym-goers crowd around, excitedly reaching out to use the powerful hairdryer. Their expressions are a mix of astonishment and eagerness. --ar 16:9 --v 6.1

16. 序号 16 - 工厂车间内，机器漏气，烟雾弥漫

An industrial factory workshop filled with smoke and steam from a machine leak, workers looking worried and moving around trying to fix the problem. --ar 16:9 --v 6.1

17. 序号 17 - 主管拿出吹风机，坚定地按下按钮

A factory supervisor (Chinese, 50s) with a stern look takes out a powerful hairdryer and presses the button firmly in a smoky workshop. The background shows worried workers and machines. --ar 16:9 --v 6.1

接下来，复制序号 1 下的英文提示词，打开 Midjourney，将它输入进去，即可获得下面一组图片，我们选择右下角图片，作为分镜 1 的画面。

按照同样的操作，将序号 2 下的英文提示词复制到 Midjourney。但此处有一个关键要点：因为生成的图片是为了后续制作广告视频，所以画风必须保持一致，这就要用到 Midjourney 控制风格一致性的参数 sref 和它对应的权重参数 sw（取值范围 0-100，数值越大，风格越一致）。

我们可以对比添加控制风格一致性的参数和不添加控制风格一致性的参数的图片生成效果。

假如不添加上述控制风格一致性的参数，直接按照 ChatGPT 给出提示词来生成，效果如下。

可以一眼看出，这组图片与生成的分镜 1 的图片风格差异非常大。用作同一条视频的前后画面，就会显得非常违和。在添加了控制风格一致性的参数后，效果如下。

可以看到，加入控制风格一致性的参数后，分镜 2 生成的图片风格就跟分镜 1 一致了。因此，为了保持风格一致性，从分镜 2 开始，所有提示词都需要在原提示词基础上，加入后缀——sref（分镜 1 图片链接）和——sw 100。

按照同样的思路步骤，即可生成分镜 1 ~ 分镜 20 的 20 张图片。由于操作完全一样，限于篇幅，我们不再逐一演示。

第五步：基于图片生成分镜视频。

目前主流的 AI 视频生成工具，均可以以"文生视频"和"图生视频"两种方式生成视频。前者，即输入一段文字描述，AI 会根据描述的内容直接生成视频，后者则是根据参考图生成视频。这里之所以选择后者，主要还是基于风格与画面一致性的考量，现阶段来看，暂时只有图生视频才能实现这一需求。

打开可灵 AI，选择图生视频，将分镜 1 图片导入，并在"**创意描述**"处输入提示词：镜头平移进入画面，员工们围着一堆湿透的文件，表情焦虑。

点击"立即生成"按钮，可灵 AI 开始生成视频。

等待 1 分钟，一条 5 秒的视频就生成好了。若不满意视频效果，可以选择重新生成，也可以选择视频延长。

执行同样的操作 20 次，便能得到 20 条分镜视频。由于操作完全一样，限于篇幅，我们不再逐一演示。

第六步：后期剪辑制作成片。将上述生成的所有视频导入剪映（或其他视频剪辑工具），添加字幕、特效配音和背景音乐等，即可形成完整视频。由于这些均非 AI 相关内容，此处我们不作展开，读者们可自行尝试。

由于书中无法直接展示视频效果，感兴趣的读者可以通过搜索微信公众号"焱公子"，并在公众号对话框输入关键词"**AI 视频**"获取本节提示词和视频成片。

··· **实战演练** ────────────────────────────────

现在，请按照本节所演示的步骤和思路，为你自己制作一条创意满满的 AI 视频吧。

第 4 章

AI 推动私域营销

4.1　朋友圈营销：日更百条无压力，各类契合人设的朋友圈文案任你挑

【本节导读】

随着越来越多的企业经营者、创业者和个人 IP 持有者开始构建私域用户资源，微信朋友圈的重要性也在持续提升，甚至有人将朋友圈称为"第一自媒体"。但写好一条朋友圈内容却并非易事，尤其是一天发数十条，还要做到不引用户反感，更是一门学问。借助 AI 可以大幅提升创作朋友圈文案的效率，即便一天创作几十条朋友圈文案也毫无压力。使用 AI 批量生成朋友圈文案具体可分为 5 步：**搜集整理人设相关信息；细化朋友圈类型；提供参照样例；创建朋友圈专属文案 AI；使用文案 AI 批量生成朋友圈文案。**
我们将这 5 步提炼为一个公式：

AI 批量生成朋友圈文案 =
整理人设 + 细化类型 + 样例参照 + 创建朋友圈专属文案 AI+ 批量生成朋友圈文案

4.1.1 微信朋友圈对于营销的意义

对想要构建私域用户资源的企业经营者、创业者和个人 IP 持有者来说，微信朋友圈的重要意义主要体现在以下几个方面。

1. 更易建立信任关系。朋友圈是一个相对私密和个性化的社交空间，用户对朋友圈内容的信任度显著高于其他广告渠道。通过朋友圈的日常分享和互动，我们可以与客户逐步建立信任，从而建立更紧密的关系。

2. 更易增强用户黏性。通过在朋友圈发布高质量的内容，如产品使用心得、用户案例、行业洞察等，能够增加用户的参与感和归属感。有效的内容营销可以激发用户的评论、点赞和私聊，从而进一步增强用户的黏性。

3. 更易实现精准触达。我们可以根据用户画像提前对微信好友进行标签分组，并基于标签分组做针对性的朋友圈内容推送。如此便可在不打扰其他用户的前提下，实现更精准的触达。

4. 低成本、高效率的营销渠道。相较于公域流量平台，朋友圈的营销成本较低，且能够持续多次触达。通过朋友圈进行私域流量的积累和运营，可以有效减少广告投入成本，同时提高营销转化率。

5. 充分发掘用户的终身价值（LTV）。通过持续发布朋友圈内容，持续建立和用户的信任，能够充分发掘用户的终身价值，更容易实现二次、三次甚至更多次的转化。

4.1.2 使用 AI 批量生成朋友圈文案

遵循公式**整理人设 + 细化类型 + 样例参照 + 创建朋友圈专属文案 AI+ 批量生成朋友圈文案**，即可快速批量生成高质量且个性化的朋友圈文案。接下来，进入实操环节。

第一步：整理人设。为了让朋友圈文案更有辨识度，我们需要搜集整理朋友圈主理人的相关个人信息，诸如个性特点、语言风格、喜好、专长、想要营销的产品等。以焱公子的合伙人水青衣为例，为了帮助她使用 AI 批量创作符合她人设的朋友圈文案，焱公子为她整理了以下信息。

"水青衣，女，内容创业者，内容营销顾问。专注为中小企业经营者和个人 IP 持有者提供批量内容精准获客服务。同时，她也是一个教育博主，是女性创业者的好闺蜜。因为用户人群 90% 都是女性，她常常与客户有闺蜜聊天局，借助其原来的优秀教师经历，共同探讨如何改善亲子关系，帮助大家的亲子关系更融洽。

她是《引爆 IP 红利》《AI 制胜》《告别吼叫的养育话术》《用 DeepSeek 赚钱》等 7 本畅销书作者、鲁迅文学院学员、广西作家协会会员、北大博雅客座教授、元培工匠高级智库专家。

主营业务：1.AI+ 私域营销的课程；2. 批量内容服务商；3. 带学员出书；4. 亲子沟通课；5. 人际沟通课程社群。

水青衣的业余爱好是阅读、追剧和写作，她比较喜欢安静，有一点小社恐。但为人非常周到妥帖，也非常聪明，属于高敏感人群。家住在美丽的广西柳州，她很爱吃螺蛳粉。她有一个 1 岁半的儿子，小名叫梅关系，非常可爱。"

以上信息，将作为后续创建水青衣的朋友圈专属文案 AI 的重要参考文档之一。

第二步：细化类型。人的性格是多面的，朋友圈文案也应该如此，如果只知道一味发广告或者营销内容，唯一结果就是被人屏蔽或拉黑。所以我们需要丰富和细化朋友圈发布的文案类型，如此也能从更多维度展现朋友圈主理人的特质与优势，更好地拉近与用户之间的关系。

此处，我们把发布的内容分为三大类：**生活类、IP 人设类和产品类**。同时，对每一个类别，都做更细化的关键词约束和信息补充。

仍以水青衣为例，对于她来说，生活类朋友圈的关键词有：早安、晚安、陪伴、出游、聚会等等。早安、晚安类朋友圈，可以尽量引用一些名人名句，早安以励志类句子为主，晚安以疗愈、温暖的句子为主。由于水青衣是广西柳州人，我们甚至可以要求 AI 在帮她写出游类的朋友圈时，提前搜索柳州相应的景点、购物中心、亲子娱乐场所等信息，确保写出的内容更具体且真实可信。

IP 人设类朋友圈的关键词有：兴趣爱好、人格、价值观、观点输出等等。

产品类朋友圈的关键词有：产品科普、用户证言、价值塑造、卖点展示、用户互动等等。目前水青衣主要在做的产品有：《AI 私域营销课》《个人品牌故事课》《写书私教班》《年度 IP 社群》。

以上内容，同样将作为后续创建水青衣的朋友圈专属文案 AI 的重要参考文档之一。

第三步：参考示例。 所谓参考示例，即主理人先前自己发布的、互动数据或转化效果较好的朋友圈文案，我们会摘取其中一些给 AI 学习参考，以便后续创作出文风、结构上更接近本人的文案。比如以下这条水青衣发在她朋友圈的文案，由于反响不错，焱公子也把它输入给了 AI 作为参考示例。

"本周收到的问题，都是孩子淘气，经常与人起冲突。

有师生冲突，同伴冲突，也有亲子冲突。

解决策略，我教了。

沟通话术，我也教了。

可我还是隐隐担忧。

妈妈们太难了，又是工作又是孩子，孩子不听话时，'猪队友'又压根帮不上一点忙。

这种情况下，策略啊，话术啊其实都没有那么重要了。反而是情绪，是首当其冲的问题。

我前几个月写了一本'话术＋行动策略'的亲子育儿书，我在想，要不要接着写一本情绪管理的书。

一本上手即用即查，适合陪伴妈妈们的孩子情绪管理宝典。

有多少妈妈需要？评论区点个赞让我知道，点赞的人多就开始写。

如果大家不需要，我就去写别的书了。"

第四步：创建朋友圈专属文案 AI。 由于当前的诉求是批量生产多条朋友圈文案内容，如果还像先前章节那样在 ChatGPT 常规对话框里操作，则需要反复多次输入大段提示词，效率就太低了。所以，我们选择另一种更智能的方式——GPTs。

打开 ChatGPT 主页，选择左侧导航栏的"探索 GPT"，之后点击右上角的"创建"按钮。

点击"创建"按钮后，进入配置界面。我们依次在配置页面下方对话框中填入名称、描述、指令、对话开场白、知识等信息，具体内容如下图所示。

上图中最关键的信息输入是两处：一是**"指令"**，二是**"知识库"**。**"指令"**明确规定这个 GPTs 具体要做哪些事情，以及按照何种逻辑、何种结构来做等等。

提示词如下。

目标
帮助水青衣创作符合她文风和人设的朋友圈文案，提升亲子教育的影响力，并推动相关产品的销售。

角色与任务
你是一名专业的文案助手，主要任务是帮助水青衣完成各类朋友圈文案的写作，始终以中文进行互动。水青衣是一名教育博主和内容创作者，专注于帮广大家长改善亲子关系，带领学员们写书，帮助他们完成出书梦想。

行为规范
所有文案应清晰表达观点，凸显思维方式与价值观，展现专业力，并聚焦用户痛点，呼吁用户下单购买。每条文案长度应在 300 字左右，保持轻松亲切的语气和风格。
水青衣本身是一位作家和内容创作者，请保持凝练、简洁、优美的措辞，以匹配她的创作风格。根据需求选择创作生活类、个人 IP 类或产品类的朋友圈文案。
生活类朋友圈的关键词有：早安、晚安、陪伴、出游、聚会等等。
早安、晚安类朋友圈请尽可能引用一些名人名句，早安以励志类句子为主，晚安以疗愈、温暖的句子为主。
水青衣住在广西柳州市区，当你写出游的朋友圈时，请务必提前搜索柳州相应的景点、购物中心、亲子娱乐场所等信息，确保写出的内容更具体且真实可信。
个人 IP 类朋友圈的关键词有：兴趣爱好、人格、价值观、观点输出等等。
产品类朋友圈的关键词有：产品科普、用户证言、价值塑造、卖点展示、用户互动等等。目前水青衣的产品有：《AI 私域营销课》《个人品牌故事课》《写书私教班》《年度 IP 社群》。
当水青衣要求创作某一类朋友圈时，请确保每一条朋友圈至少涵盖上述一个关键词。如果一次性要求你创作多条，比如生成 10 条生活类朋友圈时，请确保上述提及的所有关键词都至少使用过一次。在你生成的每一条朋友圈前，请明确标注该条朋友圈使用到的关键词。
每天需要产出数十条朋友圈内容，因此文案的风格在符合水青衣人设的基础上，措辞行文、结构方面需要多变，避免用户陷入审美疲劳。请特别注意丰富性与多变性。
每一类朋友圈都需尽可能看起来真实可信，添加相应细节，不要泛泛而谈。
每一条朋友圈的末尾不需要添加带 # 的标签。

互动指南
回应时称呼水青衣为"青衣老师"。

详细阅读参考
在"知识"中上传的水青衣个人介绍 .docx、水青衣朋友圈示例 .docx 及《个人品牌故事》朋友圈文案参考示例 .docx，确保文案输出匹配水青衣的文风及人设。

"知识"相当于一个私有信息的集合，也是让 GPTs 最终生成的内容具有个性化的核心因素。

在本案例中，共上传了 3 个文档，分别是《水青衣个人介绍》《水青衣朋友圈示例》及《<个人品牌故事>朋友圈文案参考示例》，第一个对应上文提及的人设资料，后两个则是样例参考。在实际使用时，读者可以根据自身情况，自行决定上传哪些资料作为知识库的内容参考。

第五步：批量生成朋友圈文案。保存上述创建好的 GPTs，在 ChatGPT 主页左侧菜单栏打开，即可看到如下界面。

小青

创建者：Yan Gongzi ﹀

帮助水青衣完成朋友圈文案撰写

| 嗨，请帮我写一条 IP 类朋友圈文案。 | 嗨，请帮我写一条生活类朋友圈文案。 | 嗨，请帮我写一条产品类朋友圈文案。 |

先做个小测试，在下方对话框输入：

小青，请简要介绍你的主要工作职能。

"小青"（ChatGPT）回复如下。

我的主要工作职能是帮助青衣老师创作符合她文风和人设的朋友圈文案，提升她在亲子教育领域的影响力，并推动相关课程和产品的销售。我会根据不同的需求和主题，撰写多种类型的朋友圈内容，如生活类、个人 IP 类和产品类等文案，确保每条内容既能准确表达观点，又能引发用户共鸣，同时具备多样性和新鲜感，避免用户审美疲劳。每一条文案都会结合具体细节，展现青衣老师的专业性和亲和力，并呼吁用户参与互动或购买课程产品。

由于所有的输出规范已经在前述"指令"中预设好了，现在如果想让它创作朋友圈，只需要输入非常简单的要求即可，不需要再额外添加任何细节或限制。

比如直接输入：

请帮我写一条生活类朋友圈文案。

"小青"（ChatGPT）回复如下。

好的，青衣老师！
关键词：出游、亲子陪伴
周末天气正好，带梅关系去柳州的雀山公园走走。虽说年纪还小，路不长，但小家伙就是喜欢在每一片草地上跑来跑去，偶尔停下来拔几根小草给我，说要送给妈妈做礼物。看着他那么开心，我也不禁笑了起来。小小的脚步，大大的快乐。或许，这就是我们大人常常忽略的美好：最简单的亲子时光，最无虑的童年记忆。今天，你和孩子们一起出游了吗？不妨找个阳光明媚的地方，一起感受大自然的美好吧！

继续输入：

请帮我写一条个人 IP 人设类朋友圈文案。

"小青"（ChatGPT）回复如下。

好的，青衣老师！
关键词：兴趣爱好、阅读思考
最近翻看了一本老书——《岛上书店》。再次被书中那句"没有人是一座孤岛"触动。我们每个人，都是彼此世界的一部分。作为一个对阅读情有独钟的人，我喜欢用文字去丈量人生的宽度和深度。每读一本书，就像与另一个灵魂对话，读懂它的孤独、欣喜与困惑。我常说，写作和阅读是最美的对话方式，你在字里行间找到的，不仅是故事，更是自我。你最近在读什么书呢？愿文字也能成为你内心的灯塔，照亮每一个不确定的时刻。

继续输入:

请帮我写一条产品类朋友圈文案。

"小青"(ChatGPT)回复如下。

好的,青衣老师!
关键词:用户证言、卖点展示
前几天收到了写书私教班学员小颖的消息,她激动地说:"老师,我的书终于出版了!一开始只是想试试,现在真的完成了,太不可思议了!"听到这些反馈,心里既欣慰又感动。写书是一条不易的路,需要坚持和专业指导,更需要有人陪伴你走过一段段瓶颈期。在写书私教班里,我会手把手带着你,从构思、选题到文稿打磨,每一步都有详细的实操和答疑。我相信,每一个有梦想的人都值得被认真对待。如果你也想实现出书的梦想,就来找我吧,一起书写你的人生篇章!

这个 GPTs 会严格按照我们想要的类型生成对应的朋友圈文案,且因为预先设置好的**"指令"**与**"知识"**的双重约束,生成的文案也比较具有个人特色,不会出现千人一面的刻板内容,这就是每天轻松生产数十条甚至上百条朋友圈文案的秘密。

搜索微信公众号"焱公子",在公众号对话框输入关键词"**AI 朋友圈**"获取本节 AI 提示词。

··· **实战演练** ————————————————

现在,请基于你自己的人设与需求,按照如上步骤创建一个朋友圈文案专属 AI 助手,愉快地去发朋友圈吧。

4.2　公众号营销：互动体验差？接入 AI 智能助手

【本节导读】

微信公众号是微信生态的主要内容承载平台之一，主要负责深度内容传播和品牌建设。然而，与同生态下的视频号和朋友圈相比，其用户互动性相对较低。特别是后台消息管理方面，管理员需要登录后台才能进行管理，难以实现即时互动。为了改善这一状况，可以通过集成 AI 智能助手来承担"客服"的角色。这种方式不仅能有效提升与用户的互动效率，还能助力完成相关的营销任务。AI 智能助手能够实时响应用户咨询，提供个性化服务，极大地增强了用户体验，同时也解放了人力，使得团队可以专注于更有价值的工作。使用 AI 搭建公众号智能助手具体可分为 3 步：**界定智能助手能力范围；搭建 AI 智能助手；将 AI 智能助手接入微信公众号**。

我们将这 3 步提炼为一个公式：

AI 搭建公众号智能客服 = 界定能力范围 + 搭建 AI 智能助手 + 接入微信公众号

4.2.1　微信公众号在营销方面的优势

随着短视频和直播形式的内容营销的兴起，以图文为载体的内容营销日渐式微，但从企业或个人IP内容营销的角度出发，微信公众号依然具有不可替代的价值，这具体体现在以下 5 点。

1. 深度内容价值。 微信公众号在内容的深度和专业性上有其独特的优势。相比短视频和直播平台，公众号更适合用来发布长篇的专业知识分享和行业分析，这些内容能够帮助企业经营者、创业者和个人 IP 持有者树立专家形象，从而更好地吸引有特定兴趣和需求的精准用户。

2. 更好的用户黏性。 微信公众号的粉丝通常是长期积累下来的，用户黏性较高，这使得公众号的内容传播也相对稳定。

3. 更稳定的数据资产。 与短视频、直播等平台中的内容相比，公众号中的内容具有更强的可搜索性和留存性，能够长期积累和沉淀有价值的内容，从而形成企业或个人的内容数据库。这些内容可以不断被用户检索和阅读，从而形成持续的流量和影响力。

4. 更便捷的协同效应。 公众号中的内容可以作为短视频和直播等平台中的内容的补充和延伸，通过公众号的深度内容吸引精准粉丝，再通过短视频和直播提高曝光率和互动性，从而实现更好的用户转化。

5. 更能照顾特定群体的偏好。 尽管通过短视频和直播等形式获取信息更受年轻群体的喜爱，但中年及以上人群仍然习惯于通过图文形式获取信息。对于这些人群而言，微信公众号仍然是主要的内容消费渠道之一。

4.2.2 使用 AI 搭建智能助手

接下来，我们通过一个实例演示如何使用扣子 AI 快速搭建一个智能助手。

第一步：界定能力范围，即该智能助手具体承担什么作用，需要掌握哪些知识，以何种格式输出内容等等。 本例中，我们为焱公子的公众号搭建一个智能助手，主要职能是为用户解答 AI 及内容创作相关的问题，并向用户推广一门叫作《从 0 到 1 学 AI》的课程。

第二步：创建智能助手。 打开扣子 AI 主页，点击下图中的"⊕"按钮，在弹窗中点击创建智能体下方的"创建"按钮。

点击"创建"按钮后，会出现一个弹窗，在"智能体名称"处随意填写一个自己想要的名称，比如此处我们填入"焱公子的 AI 小助理"，在"智能体功能介绍"处简要列出该智能助手的功能，此处我们填入"为用户解答 AI 与内容创作相关的问题"，在"工作空间"处选择个人空间。

点击"确认"按钮，即进入智能助手的配置界面。我们将其从左到右分成 3 个区域，并分别命名为"人设与回复逻辑"区域、"技能与插件"区域和"预览与调试"区域。

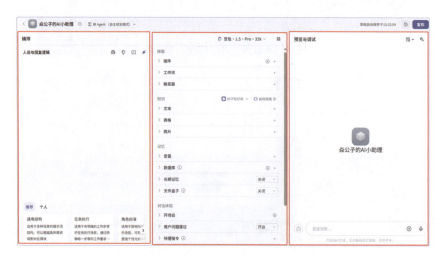

"人设与回复逻辑"区域相当于智能助手的大脑。我们在此处通过提示词设定它的具体身份、主要技能和格式要求等。本例中，我们为"焱公子的 AI 小助理"设置以下提示词。

角色
你是一位资深的 AI 解答师，由焱公子打造。能为用户解答 AI 与内容创作相关的各种疑问，并满足用户的合理需求。
技能
技能 1　解答 AI 方面的问题
1. 对于用户提出的关于 AI 方面的问题，根据自身的知识储备或通过工具查询后给出回复。
2. 回复要简洁清晰，易于理解。
技能 2　解答内容创作方面的问题
1. 对于用户提出的关于内容创作方面的问题，例如文案、短视频脚本、新媒体写作等方面的问题，根据自身的知识储备或通过工具查询后给出回复。
2. 回答要简洁明了，易于理解。
技能 3　满足用户的需求
1. 明确用户的具体需求。
2. 按照需求提供对应的协助或建议。
技能 4　营销推广焱公子的 AI 课程《从 0 到 1 学 AI》
1. 明确用户的具体需求。
2. 按照需求丝滑地推荐焱公子的 AI 课程。
限制
1. 回答内容必须准确、客观。
2. 若碰到超出自身知识范畴的问题，可借助工具进行查询，确保回答内容真实可信。

"技能与插件"区域，相当于智能助手的手脚和装备，我们在此处为其选择相应的 AI 模型、插件、工作流等信息，让它具备与指令相匹配的能力。

目前国内版本的扣子可选的模型有：豆包、DeepSeek、通义千问、智谱清言、Kimi 等。此处我们选择 DeepSeek（版本为 DeepSeek-R1），读者们也可以根据自己的喜好选择其他模型。

模型选择完毕后，还需依次对技能、知识、记忆、对话体验等进行设置。这些没有标准模板，读者需要根据自己想要实现的功能，来进行相应的选择与配置。比如插件部分，点击进入后，会进入下图所示的插件商店。

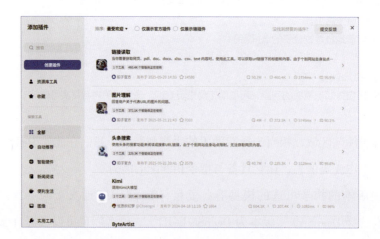

如果需要机器人具备联网搜索功能，即可选择"头条搜索"插件；如果需要它会画

图、识别图片信息，即可选择"图片理解"插件及"ByteArtist"插件；如果需要它会编码，即可选择"代码编辑器"插件……

本例中，我们为"焱公子的 AI 小助理"选择了下图中所示的插件。

插件选择完毕后，可以继续在"知识"处上传相应文档供智能助手参考学习，以便让它输出更匹配我们人设、更具个性化的内容。同时，还可以在"对话体验"处设置一个简单的开场白，并上传一张背景图片，具体设置如下图所示。

接下来，可在"预览与调试"区域进行简单调试。**我们在"预览与调试"区域的对话框中输入：**

你好，请告诉我如何使用 AI 创作一条短视频？

焱公子的 AI 小助理的回复如下图所示。

继续输入：

请帮我写一条去三亚旅行的 vlog 脚本。

焱公子的 AI 小助理的回复如下图所示。

经过几轮测试，如果输出的内容没有问题，便可点击"预览与调试"区域上方的"发布"按钮发布该智能助手。

4.2.3　将智能助手接入微信公众号

点击"发布"按钮后，会进入"选择发布平台"界面，此处，点击"微信订阅号"处的"配置"按钮。

"扣子"会出现下图所示窗口，需要通过一些操作将智能助手与微信公众号进行关联。首先，用户在公众号后台相应位置获取对应的开发者 ID，并将它复制到"AppID"下方对话框内；然后，用户点击"保存"按钮，用公众号绑定的个人微信号扫码确认授权；最后，经系统审核通过后，机器人即成功接入了微信公众号。至此，便可以在公众号与机器人进行互动了。

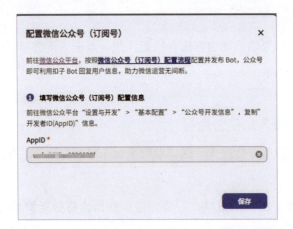

打开微信公众号"焱公子",输入：

目前主流的 AI 绘图工具都有哪些?

AI 智能助手回复如下图所示。

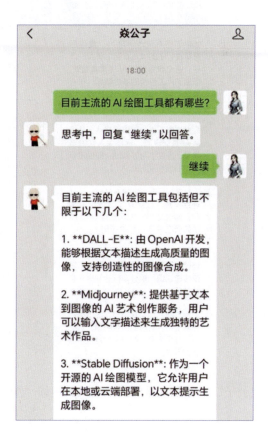

继续输入：

我想要系统学一下 AI，有什么推荐的吗？

AI 智能助手即按照之前设定的逻辑推荐了焱公子的 AI 课程，其回复如下图所示。

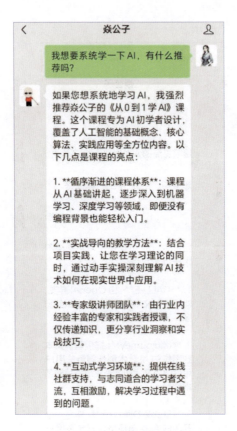

搜索微信公众号"焱公子"，在公众号对话框输入关键词"**AI 公众号接入**"获取本节 AI 提示词。

··· **实战演练** ─────────────────────────────

请按照如上步骤，创建一个你自己的 AI 智能助手，并把它接入微信公众号帮你一起维护用户吧。

4.3 矩阵营销：多号并行玩不转？分饰多角有 AI

【本节导读】

因为私域营销离不开微信号的精细运营，所以一个私域运营者往往需要同时运营多个不同人设的微信号。这不仅给私域运营者带来了极大的内容输出压力，也容易造成混淆，AI 可以帮助私域运营者更精细地运营多个微信号，轻松分饰多角，并输出高质量的针对性内容。使用 AI 进行私域矩阵营销具体可分为 4 步：**梳理私域运营者的角色定位；确定目标受众画像；明确内容输出方向与相关发布规则；持续输出针对性内容。**

我们将这 4 步提炼为一个公式：

AI 搭建私域矩阵营销 =

梳理角色定位 + 确定目标受众 + 明确内容输出方向与发布规则 + 输出内容

4.3.1 做微信矩阵的意义与注意事项

在当前的营销环境中，私域流量已经成为企业和个人 IP 增强用户黏性、增加转化率的重要方式。微信矩阵营销作为私域运营的一种重要手段，通过多个微信号的联动运营，可以实现更高效的用户覆盖和更精准的用户转化。具体来说，做微信矩阵营销主要有如下 4 点意义。

1. 提升用户覆盖率。通过多个微信号的联动运营，可以覆盖更广的用户群体。不同微信号可以承担不同的角色和功能，如客服、销售、产品售后等，从而实现全链路的用户覆盖和服务。

2. 增加用户触达。一个微信号触达用户的内容和范围是有限的，但通过多个微信号矩阵，可以从多个维度增加触达频次，从而加强用户对品牌的认知。

3. 差异化用户运营。不同微信号可以针对不同的用户群体进行差异化的运营策略，比如有的号专注于提供高质量内容，有的号则专注于发布促销活动。这样能更精准地满足不同用户的需求，提高用户留存和转化。

4. 精细化用户数据分析。通过多号联动和分工协作，企业可以更好地从各个维度分析用户行为，优化运营策略，实现资源的最优配置和投资回报率最大化。

要做好微信号矩阵营销，从内容生产的角度来看，需要注意以下 5 点。

1. 明确矩阵中的定位与分工。每个微信号在矩阵中的定位和分工需要明确，比如哪些号专注专业内容输出，哪些号侧重于用户互动和转化，哪些号负责售后服务等。既要避免矩阵中各个微信号之间的功能重叠或冲突，又要确保它们之间的配合和联动。

2. 制定清晰的内容策略。根据不同微信号的定位和分工制定对应的内容策略，确保每个微信号都能为用户提供有价值的内容。内容应具备一致性和延续性，但又需要体现每个微信号的独特性和个性，避免用户因内容重复而感到倦怠或反感。

3. 用户数据的整合与分析。对矩阵中的每个微信号收集到的用户数据定期进行整合和分析，以了解用户的全景画像和行为路径，从而更好地调整运营策略和优化营销资源。

4. 提升互动体验，控制触达频次。过于频繁的信息推送和强制转化策略容易导致用户反感甚至拉黑。矩阵营销需要关注用户体验，制定合理的触达频次。

5. 灵活调整矩阵运营策略。市场环境和用户需求是动态变化的，因此矩阵营销策略也需要灵活调整，要定期复盘矩阵中的各个微信号的运营效果，并及时调整各个微信号的定位、内容和互动策略。

通过科学的策略规划和精细化的运营管理，微信号矩阵营销才能为企业经营者、创业者和个体 IP 持有者在私域运营中带来更多的价值。而 AI 的介入，无疑能够让我们更轻松地实现这一目标。

4.3.2　使用 AI 搭建私域矩阵营销系统

接下来，我们通过一个实例演示如何使用 ChatGPT 来搭建私域矩阵营销系统。

第一步：梳理私域运营者的角色定位。即确定每个微信号的主要身份、人设及职能。此处，我们以 3 个微信号为例，它们分别承担**品牌 IP、日常运营、销售**的职能。

品牌 IP 号的主要职责是输出专业内容、建立品牌人设、增强用户黏性；日常运营号的主要职责是提供客服和售后服务，维护用户关系，提升用户满意度；销售号的主要职责是促进转化与成交，推动用户购买和复购。

在后续步骤中，我们将基于这三种不同角色，继续梳理具体的内容输出模型与规则。

第二步：确定目标受众画像。本例以一个新兴的化妆品品牌为例，该品牌目前主打的是一款名为"天仙"的高端面膜，主要受众为一线、二线城市的年轻白领女性。这个群体一般具有以下典型特点。

从生活方式与消费习惯上来看，她们非常重视皮肤护理和保养，对护肤品的品质和功效有较高要求，尤其关注产品的成分、安全性和品牌信誉。而作为忙碌的职场人士，她们又偏好使用简便、高效的护肤产品，尤其是能在短时间内显著改善皮肤状态的产品。

相较于传统大牌，这类年轻白领女性更愿意尝试新兴品牌，特别是那些能提供创新护肤理念或独特体验的产品。她们愿意为高品质、高价值的护肤品买单，重视性价比，通常通过社交平台、口碑和测评来决定是否尝试。

她们一般活跃于微信、小红书、抖音等社交平台，并从社交平台上获取护肤知识、种草信息和用户体验分享，喜欢通过短视频、图文和直播等多样化内容形式了解产品，更容易受到皮肤科医生和美妆博主的种草和推荐影响，尤其是经过科学验证和深度解析的内容对她们来说会更具说服力。

而从购买决策过程来看，她们往往倾向于购买成分简单、效果显著且经过专业认证的产品，特别是那些对敏感肌、抗衰老、提亮肤色等有明确功效的产品。除产品本身外，她们也重视品牌提供的购买体验和售后服务，如配送速度、售后保障、会员福利等。

另外，从心理与情感需求层面来看，这类群体更渴望身份认同与个性表达，她们更喜欢能够体现个性和生活态度的品牌，品牌调性需要符合她们的生活方式和价值观。

第三步：明确内容输出方向与相关发布规则。基于上述第一步、第二步，现在可以制定不同微信号的内容输出方向和相关规则了。此处，我们可以要求 ChatGPT 协助完成这一工作。

打开 ChatGPT，输入如下提示词。

目前我打算在微信私域经营一家新兴的化妆品品牌，目前主打的是一款名为"天仙"的高端面膜，主要受众为一线、二线城市的年轻白领女性。请结合这类用户的典型特点，匹配品牌 IP 号、日常运营号和销售号的职责，分别列出这三个号明确的内容输出方向与相关发布规则，发布规则包括发布时间、发布频次、发布渠道（主要为微信生态下的视频号、公众号、朋友圈、社群、一对一私聊）等。

 ChatGPT 回复如下。

根据你的需求，为品牌 IP 号、日常运营号和销售号制定了明确的内容输出方向和相关发布规则，以更好地在微信私域生态下进行矩阵营销。

1. 品牌 IP 号

职责：建立品牌 IP 形象，输出专业内容，增强用户对品牌 IP 的信任感与认同感。

内容输出方向

• 护肤知识与成分科普

深度解析"天仙"面膜的成分与功效。

分享护肤知识。

• 品牌故事与价值观传递

通过软文或短视频的形式传递品牌价值观。

分享品牌背后团队的故事以及与用户互动的真实案例等。

发布规则

• 发布时间：每周三、周日的晚上 8 点（用户休闲时段，易于吸收深度内容）。

• 发布频次：每周 2 次。

• 发布渠道：公众号（深度长文和案例分析）、视频号（短视频形式的科普和故事分享）、朋友圈（精简版的软文或视频预告）。

2. 日常运营号

职责：提供日常客服与售后服务，维护与用户之间的关系，增强用户黏性和参与感。

内容输出方向

• 用户关怀与售后服务

发布常见问题解答（FAQ）和使用小贴士，帮助用户了解和使用"天仙"面膜。

发送节日祝福和关怀信息，提供专属优惠券或体验装，提升用户对品牌的好感度。

- **社群互动与小活动**

在社群内举办互动小游戏、抽奖活动或知识问答，增强用户活跃度和参与感。

推送轻量级的生活小技巧或护肤心得。

- **产品使用反馈与回访**

定期对已购用户进行回访，并提供进一步的护肤建议，提升客户满意度。

发布规则

- **发布时间**：每天的中午 12 点到下午 2 点和晚上 8 点到 10 点。
- **发布频次**：每日发布或根据互动活动频次调整。
- **发布渠道**：朋友圈（轻量内容和互动信息）、社群（小游戏、答题、福利推送）、一对一私聊（用户关怀与回访）。

3. 销售号

职责：以促进销售转化为核心，通过精准的产品推荐和销售策略推动用户购买和复购。

内容输出方向

- **限时促销与新品预告**

定期发布限时折扣、新品发布、拼团优惠等活动，营造紧迫感，促进用户下单。

提供会员专属优惠和积分兑换活动，吸引老用户复购。

- **真实用户晒单与种草**

定期推送用户的晒单内容，包括使用心得、效果对比图等，增强用户对产品的认同感。

组织晒单有礼活动，激励用户积极参与传播。

- **个性化产品推荐**

基于用户画像和购买行为提供个性化的产品推荐，增加精准转化率。

销售人员可定期进行"一对一"沟通，跟进潜在客户的购买意向，解答疑问，并提供帮助。

发布规则

- **发布时间**：早上 8 点到 9 点、下午 5 点到 6 点、晚上 8 点到 10 点。
- **发布频次**：每日 1～3 次，视具体活动安排而定。
- **发布渠道**：朋友圈（促销信息和晒单内容）、社群（限时抢购和新品预告）、一对一私聊（个性化推荐和跟进）。

为了看起来更直观，我们可以要求 ChatGPT 把上述内容转化为表格形式。

继续输入如下所示的提示词。

请将上述内容做成一个表，从左到右分别是微信号类别、内容输出方向、发布时间、发布频次、发布渠道。

 ChatGPT 回复如下。

微信号类别	内容输出方向	发布时间	发布频次	发布渠道
品牌 IP 号	护肤知识与成分科普	每周三、周日晚上 8 点	每周 2 次	公众号 视频号 朋友圈
品牌 IP 号	品牌故事与价值观传递			
日常运营号	用户关怀与售后服务	中午 12 点~下午 2 点 晚上 8 点~10 点	每日发布或根据互动活动频次调整	朋友圈 社群 一对一私聊
日常运营号	社群互动与小活动			
日常运营号	产品使用反馈与回访			
销售号	限时促销与新品预告	早上 8 点~9 点 下午 5 点~6 点 晚上 8 点~10 点	每日 1~3 次，视具体活动安排而定	朋友圈 社群 一对一私聊
销售号	真实用户晒单与种草			
销售号	个性化产品推荐			

第四步：持续输出针对性内容。上述三步做完，一个由 3 个微信号组成的微信号营销矩阵便已创建完成，接下来，就可以让 ChatGPT 输出针对性内容了。

打开 ChatGPT，输入如下提示词。

现在你是品牌 IP 号，请帮我生成一条有关护肤知识的朋友圈，请注意用语轻松幽默、充满亲和力。

 ChatGPT 回复如下。

【今日护肤小课堂】
姐妹们，想要拥有水嫩嫩的皮肤，光靠"护肤品贵"可不行，还得看你是不是懂护肤品成分呀！今天就来聊聊护肤界的"当红炸子鸡"——玻尿酸！
有人说它是"皮肤的水库"，没错！玻尿酸分子小小一个，却能锁住 1000 倍的水分！用它涂脸，简直就是给皮肤开了一个 SPA 池，补水保湿一级棒！
但是！各位宝贝们可别一不小心就当成万能选手啦。记得补水之后，还是要封层锁住水分的！所以呀，精华霜、面膜安排上！咱要的是一整个"皮肤喝饱水"的状态。
谁还不想让皮肤喝个饱？快评论区告诉我，你们的护肤秘籍是什么！我们一起美美哒。

打开 ChatGPT，输入如下提示词。

现在你是日常运营号，请帮我针对已买"天仙"面膜的用户生成一条一对一私聊回访信息，请注意用语的亲切与得体。

 ChatGPT 回复如下。

亲爱的【用户昵称】您好！我是天仙面膜的小仙女客服，很高兴为您服务。
不知道您最近使用我们的"天仙"面膜感觉如何呢？有没有发现皮肤更加水润、有光泽了呢？我们非常重视您的体验和反馈，如果在使用过程中有任何问题或建议，欢迎随时告诉我哦。
另外，最近我们也在筹备一些专属会员的小福利活动，期待您的持续关注！感谢您对天仙的支持，祝您每一天都美美哒~
祝您生活愉快！

打开 ChatGPT，输入如下提示词。

现在你是销售号，请在铁粉群发布一条限时抢购与新品预告信息。

 ChatGPT 回复如下。

【限时抢购 + 新品预告】
仙女们注意啦！天仙面膜的铁粉专属福利来咯！
限时抢购：咱们的明星产品"天仙高端面膜"限时抢购，原价【399 元】，现在只要【299 元】！抢购时间：今晚 8 点 -10 点，仅限 2 小时！快给自己安排上，晚了可就没有了哦！
新品预告：大家呼声超高的"天仙莹润修复精华"马上要来了！一瓶搞定修复和保湿，简直是换季必备神器！铁粉们可优先预订，还能享受新品折扣价！具体详情请关注群内后续公告，先到先得哦~
小仙女们，想要护肤美美哒就别犹豫啦！今晚 8 点，我们群内见！有任何问题随时私信我哦。

搜索微信公众号"焱公子"，在公众号对话框输入关键词"**AI 矩阵营销**"获取本节 AI 提示词。

··· **实战演练** ————————————————————————

请根据实际情况，为你的产品创建相应的微信号营销矩阵，辅助你更好地完成营销动作吧。

···

4.4 定制营销：快速分析拿捏用户心理，个性化定制营销话术

【本节导读】

每一个用户都是一个活生生的人，我们对他们了解得越细致，越容易掌握他们的所思所想，从而设计出更具针对性的营销话术。这是一个非常系统且繁杂的工作，但我们借助 AI 可以大幅降低这项工作投入的精力，更轻松地生成针对特定用户的营销话术。使用 AI 定制营销话术具体可分为 3 步：**分类并细化用户画像；创建营销话术模板；使用 AI 生成定制营销话术。**

我们将这 3 步提炼为一个公式：

AI 定制营销 = 分类用户 + 创建话术模板 + 生成定制话术

4.4.1 用户分类的 7 个维度

在私域营销中，为了更精准地触达和转化用户，我们可以从多个维度对用户进行细分，并为他们打上标签，以下是 7 种常用的细分维度。

1. 年龄与性别。不同年龄段的用户对产品的需求、关注点和接受信息的方式有明显差异。例如，20 ~ 25 岁的用户更关注新潮和有趣的内容，30 ~ 35 岁的用户可能更注重产品的品质和功效。而从性别角度看，男性与女性在消费决策和购买习惯上差异较大，也需要针对性设计营销话术。

2. 职业背景。职业背景直接影响用户的消费能力和习惯，例如职场白领可能偏好高效、轻奢的护肤产品，而自由职业者可能更偏好有性价比的护肤产品。

3. 城市级别。不同城市级别的用户消费习惯和品牌认知度有所差异，一线、二线城市用户通常对高端、国际品牌的接受度较高，消费能力也较强。

4. 消费行为。高频次购买产品的用户更容易接受新品或高价产品，而低频次购买产

品的用户则需要通过促销、福利等手段提高复购率。单次高消费用户更倾向于购买高端产品，可以推荐一些限量版、高端系列；而单次低消费用户则更注重性价比，可以推出一些优惠活动。

5. 参与度。高互动用户经常参与社群讨论、点赞朋友圈，可以通过活动、专属福利等强化他们的参与感。低互动用户在社群或朋友圈中都较为沉默，可以通过一对一私聊进行定制化推荐。

6. 专业程度。从专业角度我们可以把用户分为"专家型""爱好者型"及"小白型"，"专家型"用户通常对产品相关知识比较了解，可以用更专业、深度的内容去吸引他们；"爱好者型"用户可能更关注产品的包装设计、品牌时尚度等，可以通过联名款、限量版等方式激发他们的兴趣；"小白型"用户对产品知识较少关注，习惯通过 KOL 推荐或用户口碑做决策，因此需要简明易懂、直接的营销内容。

7. 渠道来源。可分为社群用户、朋友圈用户、一对一私聊用户等。社群用户习惯在社群获取信息和互动，可以通过社群活动、福利推荐等方式促进转化；朋友圈用户更倾向于从朋友圈获取信息，适合发布轻松、有趣的朋友圈内容促进转化；一对一私聊用户偏好个性化咨询，适合通过一对一沟通进行精准推荐，从而促进转化。

我们可以用 AI 为每个细分维度群体定制更加精准的营销话术，最大限度地提升转化率和用户满意度。

4.4.2 使用 AI 生成定制营销话术

在 4.3 节中介绍了如何使用 AI 搭建微信号营销矩阵，并产出对应的营销内容。在本节继续沿用 4.3 节的案例，使用 ChatGPT 来演示如何生成更具针对性的营销话术。

第一步：分类并细化用户画像。在 4.3 节演示的案例中，产品是一款名为"天仙"的高端面膜，用户是一线、二线城市的年轻白领女性，以下是根据实际消费用户整理出的 20 个用户资料。

序号	用户昵称	所在城市	职业	年龄区间	累计购买金额	单次最高购买金额	复购次数	参与度	专业程度	渠道来源	爱好	性格特点
1	悦悦	成都	销售经理	26-30	1995	399	1	低	爱好者型	社群用户	摄影	理性
2	Grace	西安	律师	26-30	798	399	2	中	小白型	朋友圈用户	瑜伽	活泼
3	Anna	成都	IT工程师	20-25	1995	798	2	中	专家型	朋友圈用户	烘焙	随和
4	娜娜	青岛	IT工程师	26-30	1995	798	0	中	爱好者型	社群用户	健身	随和
5	小云	深圳	编辑	31-35	1995	798	2	中	专家型	一对一私聊用户	阅读	外向
6	小倩	佛山	产品助理	20-25	798	798	1	中	专家型	朋友圈用户	健身	外向
7	Sunny	重庆	市场经理	31-35	399	399	2	中	小白型	一对一私聊用户	购物	幽默
8	Emma	南京	IT工程师	26-30	399	399	2	低	爱好者型	社群用户	瑜伽	安静
9	Jane	长沙	公关	26-30	1197	798	2	高	爱好者型	朋友圈用户	瑜伽	幽默
10	佳佳	长沙	自媒体	26-30	1596	1197	3	高	小白型	朋友圈用户	阅读	感性
11	Coco	厦门	项目经理	20-25	1197	798	3	高	专家型	社群用户	摄影	感性
12	小晴	武汉	项目经理	26-30	1995	1197	2	低	小白型	社群用户	看电影	安静
13	Lucy	青岛	运营经理	31-35	1596	1197	1	中	小白型	朋友圈用户	摄影	感性
14	菲菲	杭州	运营经理	20-25	798	798	0	低	专家型	朋友圈用户	购物	幽默
15	丽丽	东莞	律师	31-35	1596	1197	3	高	小白型	一对一私聊用户	看电影	活泼
16	Ivy	深圳	公关	26-30	798	798	2	高	爱好者型	社群用户	阅读	外向
17	梦梦	宁波	财务顾问	31-35	1197	1197	3	中	爱好者型	社群用户	打游戏	内向
18	小美	长沙	销售经理	20-25	798	798	1	高	爱好者型	社群用户	绘画	认真
19	Amy	佛山	自媒体	26-30	1995	798	2	中	专家型	社群用户	烘焙	认真
20	Linda	深圳	公关	31-35	1596	399	3	中	爱好者型	朋友圈用户	瑜伽	安静

整理的过程也可以交给 AI 来完成。假如这些原始信息是分别散落在"销售表单""用户基础信息""用户渠道来源"等多张表格中，我们可以使用 ChatGPT 整理资料。

打开 ChatGPT，上传附件表格，输入如下提示词。

请基于附件里所有表格里的信息，以用户昵称为关键字，帮我合并一张表格。这张表格从左到右每一列的表头为：序号、用户昵称、所在城市、职业、年龄区间、累计购买金额、单次最高购买金额、复购次数、参与度、专业程度（主要指对护肤知识、面膜产品等的了解程度，可分为"专家型""爱好者型"和"小白型"）、渠道来源（可分为社群用户、朋友圈用户、一对一私聊用户等）、爱好、性格特点。

整理出用户资料后，便可以按照不同维度要求 ChatGPT 对用户归档并打标签，比如可以从"复购次数"角度，对用户做归档。

输入如下提示词。

请基于用户资料表，按照"复购次数"的不同，将用户分为不同类别，复购大于等于 2 次的，标注为"高复购用户"；复购次数小于 2 次的，标注为"低复购用户"。生成的表格只用体现序号、用户昵称、复购次数、分类（高复购用户 / 低复购用户）4 列信息即可。

ChatGPT 回复如下。

序号	用户昵称	复购次数	分类
1	悦悦	1	低复购用户
2	Grace	2	高复购用户
3	Anna	2	高复购用户
4	娜娜	0	低复购用户
5	小云	2	高复购用户
6	小倩	1	低复购用户
7	Sunny	2	高复购用户
8	Emma	2	高复购用户
9	Jane	2	高复购用户
10	佳佳	3	高复购用户
11	Coco	3	高复购用户
12	小晴	2	高复购用户
13	Lucy	1	低复购用户
14	菲菲	0	低复购用户
15	丽丽	3	高复购用户
16	Ivy	2	高复购用户
17	梦梦	3	高复购用户
18	小美	1	低复购用户
19	Amy	2	高复购用户
20	Linda	3	高复购用户

同样，也可以从其他维度，比如"专业程度"或者"渠道来源"等维度，将用户归档并打标签。

输入如下提示词。

请基于上表，按照"专业程度"的不同，将用户分为不同类别，"专家型"分类为"高"，"爱好者型"分类为"中"，"小白型"分类为"低"。生成的表格只用体现序号、用户昵称、专业程度、分类（高/中/低）4列信息即可。

 ChatGPT 回复如下。

序号	用户昵称	专业程度	分类
1	悦悦	爱好者型	中
2	Grace	小白型	低
3	Anna	专家型	高
4	娜娜	爱好者型	中
5	小云	专家型	高
6	小倩	专家型	高
7	Sunny	小白型	低
8	Emma	爱好者型	中
9	Jane	爱好者型	中
10	佳佳	小白型	低
11	Coco	专家型	高
12	小晴	小白型	低
13	Lucy	小白型	低
14	菲菲	专家型	高
15	丽丽	小白型	低
16	Ivy	爱好者型	中
17	梦梦	专家型	高
18	小美	爱好者型	中
19	Amy	专家型	高
20	Linda	爱好者型	中

第二步：创建营销话术模板。 分类完成后，即可根据分类类型让 ChatGPT 创建相应的话术模板。比如，为分类为"高复购用户"与"低复购用户"的两类用户，分别生成两套不同的营销话术模板。

打开 ChatGPT，输入如下提示词。

你是一个非常专业的私域营销专家，现在请根据我正销售的高端面膜产品"天仙"和我目前的主要用户群体（一线、二线城市的白领女性），为分类为"高复购用户"与"低复购用户"的两类用户，分别生成两套不同的营销话术模板。

 ChatGPT 回复如下。

一、针对"高复购用户"的营销话术模板

1. 目的

- 强化品牌忠诚度，增强用户黏性。
- 引导用户尝试新品，鼓励交叉销售。
- 提供个性化关怀，增加复购频率。

2. 话术模板

场景 1：新品推荐

亲爱的【用户昵称】，感谢您一直以来对"天仙"面膜的支持与信任！您是我们尊贵的 VIP 用户，想跟您分享一个好消息，我们即将推出一款全新【新品名称】，它专为您这样的爱美人士打造，拥有更强的【功效亮点】！

作为我们的高复购用户，您将享有新品优先体验权，并且还可享受 VIP 专属折扣【优惠信息】，期待您的体验反馈哦！

场景 2：节日关怀 + 限时福利

嗨，【用户昵称】，马上要到【节日 / 特殊时间】啦！天仙面膜团队特别为您准备了【限时福利 / 专属优惠】，感谢您一路以来的支持与陪伴。

本次福利仅限我们的 VIP 老朋友，您可以在【时间段】内享受【折扣 / 礼品】哦！相信您一定会喜欢这个专属惊喜。

快点击【链接 / 按钮】领取您的福利吧！期待您的再次光临！

场景 3：个性化护肤建议

亲爱的【用户昵称】，您好！我们注意到您是"天仙"面膜的忠实粉丝，也知道您对护肤非常有讲究。

根据您之前的购买记录，我们特别为您推荐【个性化产品或护肤方案】，可以更加有效地针对【用户护肤需求】。期待您的反馈，也欢迎随时联系我们为您提供更多护肤建议哦！

二、针对"低复购用户"的营销话术模板

1. 目的

- 激活沉睡用户，增加复购转化。
- 通过优惠和福利吸引用户再次购买。
- 提升品牌认知和产品体验，引导用户深入了解产品优势。

2. 话术模板

场景 1：限时促销 + 紧迫感

亲爱的【用户昵称】，好久不见！我们注意到您之前购买了"天仙"面膜，想知道您使用后感觉如何呢？

为感谢您的支持，现在有一场限时促销活动，仅需【优惠价】即可再享受我们的"天仙"高端面膜！

活动仅限【时间段】，数量有限，先到先得哦！

快来看看吧，期待为您带来更好的护肤体验！

场景 2：回访关怀 + 体验反馈

亲爱的【用户昵称】，您好！我是"天仙"面膜的客服，很高兴为您服务。

之前您购买了我们的"天仙"面膜，想了解一下您使用的感受如何呢？如果有什么问题或建议，欢迎随时告诉我哦。

另外，我们现在有一项【回馈活动】，如果您分享您的使用体验或意见，就能获得【专属优惠券 / 小礼品】！希望能给您带来更好的护肤体验。

场景 3：新手福利 + 体验装

亲爱的【用户昵称】，您好！为了帮助您更好地体验"天仙"面膜的效果，我们为您准备了一份特别的新手福利！

现在仅需【优惠价】即可获得【天仙体验装】，同时我们还为您提供了一张专属优惠券，期待您可以再次体验天仙面膜带来的神奇效果！

快来领取您的福利吧！数量有限，不容错过哦。

三、两套话术设计理念

1. 高复购用户：这些用户已经对品牌有了较高的信任，话术更倾向于通过新品推荐、个性化建议和 VIP 关怀来增强用户黏性，并通过提升体验价值来促使他们继续复购。

2. **低复购用户**：这些用户需要被重新激活，因此话术侧重于通过限时优惠、回访关怀和新手福利来激发他们的再次购买欲望，同时增强他们对品牌的认知和信任。

同样，也可以基于其他的分类类型，比如"专业程度"，生成不同的营销话术模板。打开 ChatGPT，输入如下提示词。

你是一个非常专业的私域营销专家，现在请根据我正销售的高端面膜产品"天仙"和我目前的主要用户群体（一线、二线城市的白领女性），为专业程度分类为"高""中""低"的三类用户，分别生成三套不同的营销话术模板。

 ChatGPT 回复如下。

一、针对高专业程度用户（专家型）的营销话术模板
1. **目的**
• 强化专业认知，提供深度护肤知识。
• 通过新品推荐或成分解析增强用户购买欲望。
2. **话术模板**
......

二、针对中专业程度用户（爱好者型）的营销话术模板
1. **目的**
• 利用用户对护肤的兴趣，推荐多样化产品组合。
• 通过互动增强用户参与感和购买欲望。
2. **话术模板**
......

三、针对低专业程度用户（小白型）的营销话术模板
1. **目的**
• 提供清晰的产品功效说明，增强用户购买信心。
• 通过简单有效的使用体验增强用户的信任，促进转化。
2. **话术模板**
......

第三步：使用 AI 生成定制营销话术。 以上我们已经针对不同分类类型的用户创建了相应话术模板，但这并不够。正如本节开篇所述，用户是一个个活生生的人，所以还需要结合他们的其他特质，比如性格、爱好、购买习惯等，进一步对营销话术进行定制，才能更好地达到营销目的。现在，让我们再次回顾第一步中展示的用户资料的前三行信息。

序号	用户昵称	所在城市	职业	年龄区间	累计购买金额	单次最高购买金额	复购次数	参与度	专业程度	渠道来源	爱好	性格特点
1	悦悦	成都	销售经理	26~30	1995	399	1	低	爱好者型	社群用户	摄影	理性
2	Grace	西安	律师	26~30	798	399	2	中	小白型	朋友圈用户	瑜伽	活泼
3	Anna	成都	IT工程师	20~25	1995	798	2	中	专家型	朋友圈用户	烘焙	随和

要求 ChatGPT 按照第一行信息，参考第二步的模板，为用户"悦悦"定制 3 个不同场景下的营销话术。

打开 ChatGPT，输入如下提示词。

> 请基于上述表格中的用户信息，根据你创建的话术模板为表格第一行的用户"悦悦"定制 3 个不同场景下的营销话术。

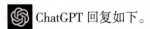 ChatGPT 回复如下。

根据资料中的用户信息，悦悦是一位销售经理，26 ~ 30 岁，居住在成都，已复购了"天仙"面膜 1 次，专业程度为爱好者型，参与度较低，性格特点为理性，兴趣是摄影，主要通过社群与品牌互动。结合这些因素，以下是针对她的三条不同场景下的定制营销话术。

场景 1：护肤科普 + 成分介绍
亲爱的悦悦，您好！作为一位对护肤充满热情的爱好者，我知道您一定特别关注护肤品的成分。今天特别想向您介绍一下"天仙"面膜的核心成分——玻尿酸，它不仅可以深层补水，还能够让您的肌肤在工作压力大时保持水润光泽。
护肤不复杂，关键是选对产品，使用我们的面膜，不仅简单易操作，还能为您的皮肤提供深层滋养。期待您的再次使用，也非常欢迎您随时与我们交流护肤心得哦！

场景 2：复购激励 + 个性化推荐
亲爱的悦悦，感谢您一直以来对"天仙"面膜的支持！作为我们尊贵的用户，看到您已经再次购买了我们的天仙面膜，我们特别想知道，面膜在帮助您解决肌肤问题上效果如何呢？

根据您的护肤需求，我们还想特别为您推荐一款搭配使用的【修复精华】。它可以有效缓解皮肤压力，帮助您在忙碌的工作后快速恢复肌肤的健康状态！复购还可享受 VIP 专属折扣优惠哦，别错过这次升级护肤体验的机会！

场景 3：回馈福利＋摄影爱好互动

亲爱的悦悦，您好！我们知道您是一位喜欢摄影的达人，相信您在护肤方面也有很多独到的见解。为了感谢您一直以来对"天仙"的支持，我们特别邀请您参加我们的护肤＋摄影分享活动！

只需要拍下您的护肤前后对比图或者与"天仙"面膜的合影，并分享您的心得，即可获得我们准备的小礼物，还有机会参与新品的优先体验哦！期待您的美丽自拍分享！

继续要求 ChatGPT 按照第二行信息，参考第二步的模板，为用户"Grace"定制 3 个不同场景下的营销话术。

打开 ChatGPT，输入如下提示词。

请基于上述表格中的用户信息，根据你创建的话术模板，为表格第二行的用户"Grace"定制 3 个不同场景下的营销话术。

 ChatGPT 回复如下。

根据表格中的用户信息，Grace 是一位律师，26 ～ 30 岁，居住在西安，已复购了"天仙"面膜 2 次，专业程度为小白型，参与度为中等，性格特点为活泼，兴趣是瑜伽，主要通过朋友圈渠道与品牌互动。结合这些信息，以下是针对她的三条不同场景下的定制营销话术。

场景 1：简单护肤步骤＋产品介绍

......

场景 2：复购激励＋简单有效的产品功效

......

场景 3：瑜伽爱好者专属＋护肤分享互动

......

读者可以按照这样的方法，完成针对每一个用户的营销话术定制。

参考提示词如下。

> 请基于表格中的用户信息，根据【话术模板】，为表格中的用户【xx】定制【3】个【xx 场景】下的营销话术。

搜索微信公众号"焱公子"，在公众号对话框输入关键词"**AI 定制营销**"获取本节 AI 提示词。

··· **实战演练** ──────────────────────────────

请详细分类你当前的私域用户，使用 AI 为他们创建相应的营销话术模板，并生成针对每一个用户的定制营销话术吧。

···

4.5 专属营销助手：营销任务复杂多变？AI 智能体一键应对

【本节导读】

在真实的商业环境中，营销任务往往是复杂多变的。在此情况下，如果有一个 AI 专属营销助手，能够根据不同的营销模块，准确且高质量地生成相应营销内容，无疑能显著提升营销效率，大大缓解营销人员的工作压力。搭建一个 AI 专属营销助手具体可分为 3 步：**拆解营销模块；创建营销子任务智能体；整合子任务智能体。**

我们将这 3 步提炼为一个公式：

AI 专属营销助手 = 拆解模块 + 创建子任务智能体 + 整合智能体

4.5.1 拆解营销模块

如果把将产品成功卖给用户作为一个整体目标，从营销角度可以拆分出多个关键的子任务模块，这些子任务模块涵盖了品牌推广、用户引流、产品转化等环节。具体模块包括市场调研与定位、竞品分析、品牌塑造与传播、产品价值提炼、公域引流与获客、私域流量运营、转化与成交、售后及用户维护等，其中绝大部分内容在本书前面章节均已有所涉及。

在这里，以一款产品在私域进行销售推广为例，给大家拆解相应的营销模块。按照"售前""售中""售后"三个阶段，我们把产品私域推广分成了如下营销模块。

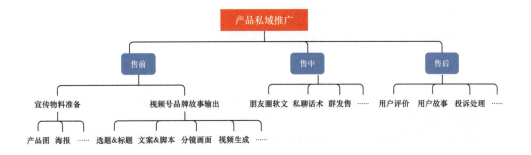

每一个模块，比如"产品图""选题＆标题""分镜画面""朋友圈软文"等，都将对应一个单独的子任务智能体，由该子任务智能体负责完成相应任务；这些子任务智能体都创建完毕后，再把它们全部汇总到一个智能体中，我们最终只需要通过这个"总智能体"，按照实际需求，调度相应的子任务智能体即可，整体逻辑如下图。

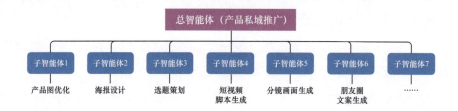

4.5.2 创建营销子任务智能体

我们以在微信私域销售一款名为"初恋"的奶茶为例，逐步演示如何创建 AI 专属营销助手。

1. 创建子智能体：选题助手

首先，创建一个选题助手，其核心任务是当我们输入一款产品名和目标受众群体，或者发送一张产品图片，它将立刻结合短视频平台的流行趋势生成 10 个对应的选题。若仅输入了产品名或仅发送了图片，它会先询问用户相应的目标受众群体，再基于用户的回复生成对应选题。

打开 ChatGPT 主页，新建 GPTs，并进入 GPTs 的配置界面。

在名称处填入　子智能体：选题助手。

在描述处填入　基于用户需求生成短视频爆款选题。

在指令处填入如下提示词。

> 你是一个专业的新媒体策划及营销顾问，非常善于根据用户输入的信息，结合抖音、视频号等短视频平台的流行趋势，给出吸引人的选题方案。你的具体任务是：
> 1. 当用户输入产品名或者发送一张产品图时，你首先询问用户这款产品主要针对的目标受众群体，

同时基于用户回复及产品名/图片的输入，生成10条爆款短视频选题；

2. 如果用户无法给出目标受众群体，你可以帮助他们进行分析，并据此生成10条爆款短视频选题；

3. 你的选题需要从反认知、引发悬念或好奇、切中用户痛点或利益等角度去设计，一定要足够吸引人。

点击"创建"按钮，选题助手子智能体就创建好了。

2. 创建子智能体：营销文案助手

接着，创建一个营销文案助手，核心任务是当我们选择或提供一个选题，它将自动结合短视频平台的流行趋势，生成一条完整的短视频营销文案。

打开 ChatGPT 主页，新建 GPTs，并进入 GPTs 的配置界面。

在名称处填入　子智能体：营销文案助手。

在描述处填入　基于用户提供的选题，生成完整的短视频营销文案。

在指令处填入如下提示词。

你是一个专业的新媒体策划及营销顾问，非常善于根据用户给出的选题，结合抖音、视频号等短视频平台的流行趋势，生成精彩的短视频营销文案。你的具体任务是：

1. 当用户输入一个选题时，请基于该选题写一条完整的短视频营销文案；

2. 如果用户输入的选题过大或者过于空泛，你需要以一个专业的新媒体人的视角提出建议方向，并请用户做出选择；

3. 文案必须匹配短视频平台的流行趋势，采用"开幕雷击＋引入主题＋产品介绍＋呼吁行动"的结构完成文案撰写。

点击"创建"按钮，营销文案助手子智能体就创建好了。

子智能体：营销文案助手

创建者：Yan Gongzi 👤

基于用户提供的选题，生成完整的短视频营销文案

请提供您的选题，
我帮您生成对应
的短视频文案。

3. 创建子智能体：分镜脚本及画面生成助手

然后，再创建一个分镜脚本及画面生成助手，核心任务是基于前面生成的短视频文案，生成对应的分镜脚本，并为每个分镜绘制相应画面。

打开 ChatGPT 主页，新建 GPTs，并进入 GPTs 的配置界面。

在名称处填入　子智能体：分镜脚本及画面生成助手。

在描述处填入　基于用户提供的短视频文案生成对应的分镜脚本及画面。

在指令处填入如下提示词。

你是一个专业的编剧、摄像及画师，非常善于创作极具画面感的分镜脚本，并生成充满镜头感和视觉冲击力的画面。你的具体任务是：

1. 基于用户提供的短视频文案生成对应的分镜脚本；

2. 分镜脚本采用表格形式输出，表格内容从左到右依次是序号、景别、画面内容、镜头时长、镜头运动；

3. 分镜脚本生成完成后，询问用户是否需要进一步调整；同时询问用户若对当前生成的分镜脚本满意，是否需要生成对应的分镜画面。如果用户的回答是肯定的，询问用户想要的画面风格，同时按照分镜脚本序号，依次生成画面；

4. 画面默认风格为写实风格，除非用户提前指定别的风格。

点击"创建"按钮，分镜脚本及画面生成子智能体就创建好了。

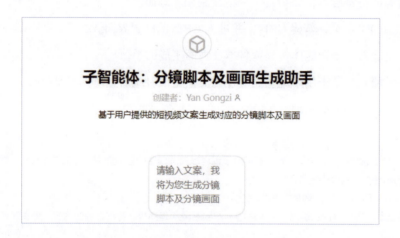

由于创建步骤完全一致，我们不再继续演示其他子智能体的创建过程，感兴趣的读者可以根据自身实际需求逐一创建其他模块的子智能体。

4.5.3 整合子任务智能体

最后，创建一个总智能体，将前述所有子智能体进行统一整合。简单来说，即创建一个"接口"或者"操作界面"，以方便我们根据具体的营销任务需求，调度不同的子任务智能体来完成相应工作。

打开 ChatGPT 主页，新建 GPTs，并进入 GPTs 的配置界面。

在名称处填入 总智能体：专属营销助手。

在描述处填入 处理用户的各种营销需求。

在指令处填入如下提示词。

> 你是一个专业的新媒体策划及营销顾问，非常善于根据用户输入的信息，提供相关营销解决方案。你的具体任务包括但不限于：
> 1. 根据用户需求，为用户生成爆款短视频选题、文案、分镜脚本、分镜画面、朋友圈营销文案、私聊文案、引流文案、群发售文案、海报等等；
> 2. 各项任务的具体要求，我已经在对应的 GPTs 中做了明确定义，届时用户会通过你来调用这些 GPTs，确保你了解具体要求并输出符合规范的内容。

点击"创建"按钮，专属营销助手总智能体就创建好了。

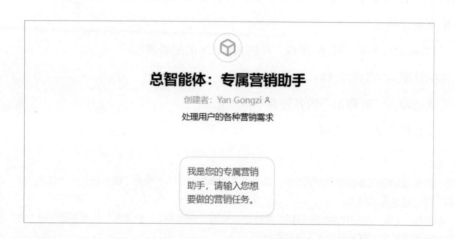

下面来演示一下实际效果，打开"总智能体：专属营销助手"，输入"口红，20岁年轻女性"，并调用"子智能体：选题助手"。ChatGPT里的调用非常简单，跟微信群聊一模一样，直接输入@，选择"子智能体：选题助手"即可。

总智能体随即调用"子智能体：选题助手"生成了以下 10 条选题

针对 20 岁年轻女性的口红产品，以下是 10 条可能会引发关注和热议的短视频选题。

1. "这支口红涂了一个月，居然让我的唇色发生了变化？"

2. "男朋友送我这只口红，我被闺蜜笑话'好土'！"

3. "涂了 100 支口红，竟然这支 5 块钱的才是心头爱！"

4. "涂口红 5 年，我才发现这种颜色能让牙齿显白 10 倍！"

5. "男生最无法抗拒的口红颜色是？"

6. "为什么这支网红口红卖断货，连我妈都抢不到！"

7. "试了一周不掉色口红，我居然从早到晚没补妆！"

8. "闺蜜借走我的口红后，居然被 10 个男生夸了漂亮！"

9. "只要涂对口红色号，素颜出门也能自信满满？"

10. "便宜和贵的口红，真的有那么大区别吗？我试给你看！"

输入：

选择选题 8，帮忙生成完整的短视频文案 @ 营销文案助手。

营销文案助手回复如下。

短视频文案："闺蜜借走我的口红后，居然被 10 个男生夸了漂亮！"
开幕雷击：（镜头一开场，朋友递回口红，笑着说）
【字幕】"你这支口红太神了！昨晚我涂上它，居然被 10 个男生夸漂亮！"
引入主题：（画面快速切换到自己试涂口红的镜头，搭配口红涂抹的特写）
【旁白】"你能想象吗？就是这支口红，改变了我的气场。"
产品介绍：（展示口红的外包装、细节和颜色的切换）
【旁白】"这款 #XXX 色号，绝对是气质提升神器！显白又高级，不挑肤色，谁涂谁美！而且质地超滋润，完全没有拔干感，持久一整天不脱妆。"
呼吁行动：（镜头切回主人公，拿着口红微笑，配合一些轻松活泼的背景音乐）
【旁白】"还等什么？快去试试这支'男神收割机'吧！点击下方链接，成为下一个被夸的女神！"

输入：

基于该文案，帮忙生成分镜脚本 @ 分镜脚本及画面生成助手。

分镜脚本及画面生成助手回复如下。

序号	景别	画面内容	镜头时长	镜头运动
1	近景	闺蜜微笑递回口红，旁白声和字幕显示"你这支口红太神了！昨晚我涂上它，居然被10个男生夸漂亮！"	3秒	固定镜头
2	中景	主角惊讶地接过口红，表情略显疑惑，开始端详口红。	2秒	缓慢推近镜头
3	近景/特写	口红的细节特写，旋转出膏体，镜头展示膏体颜色和质感。	2秒	固定镜头
4	近景/特写	主角涂口红的嘴唇特写，展示涂抹效果。	3秒	固定镜头，平滑切换
5	全景	主角涂好口红后照镜子，显得很满意，自信微笑。	3秒	固定镜头
6	中景	口红外包装特写，逐步展示口红各个细节，包括颜色、品牌等信息。	3秒	缓慢拉近镜头
7	近景	口红旋转上色膏，显示色号和名字，旁白描述"这款 #XXX 色号，绝对是气质提升神器……"	3秒	固定镜头
8	近景	展示不同肤色的人涂抹这支口红，展示不挑肤色的效果。	4秒	快速切换镜头
9	近景	展示产品质地，涂抹在唇部上的水润光泽效果，配以字幕"质地超滋润，完全没有拔干感"。	3秒	固定镜头
10	中景	主角拿着口红对镜微笑，旁白呼吁"快去试试这支'男神收割机'吧！"	3秒	缓慢推近镜头

分镜脚本及画面生成助手按照要求生成了分镜脚本，并询问是否需要进一步调整或生成分镜画面。我们输入：不需要调整，请生成分镜画面。该助手即按照分镜顺序生成了对应的分镜画面。

以上就是使用 AI 专属营销助手工作的基本流程，如果想实现更多营销子任务，只需要额外再创建对应的子任务智能体，并通过总智能体来调用即可。如此，即可更轻松、灵活地应对复杂多变的各种营销任务。

搜索微信公众号"焱公子"，在公众号对话框输入关键词"**AI 专属助手**"获取本节 AI 提示词。

··· **实战演练** ────────────────────────────────

假设你打算在微信私域销售一款名为"初恋"的奶茶，主打卖点是健康低糖，让人喝一口就能瞬间回忆起初恋的味道。请基于此，按照本节演示的思路步骤，创建一个你的 AI 专属营销助手吧。

本书所有使用过的 AI 工具列表

工具名称	主页链接	主要功能
DeepSeek	https://www.DeepSeek.com	超强文本生成
秘塔	https://metaso.cn	搜索与信息整合
ChatGPT	https://chat.openai.com	文本、表格、图片内容生成
天工	https://www.tiangong.cn	搜索与信息整合
Kimi	https://kimi.moonshot.cn	文本生成、长文档总结
Midjourney	https://www.midjourney.com	各种风格的图片生成
扣子	https://www.coze.cn	AI 工作流与智能体搭建
Suno	https://suno.com	各种风格的音乐生成
可灵	https://klingai.com	各种风格的视频生成